Conselho editorial
Aurora Fornoni Bernardini
Beatriz Muyagar Kühl
Gustavo Piqueira
João Angelo Oliva Neto
José de Paula Ramos Jr.
Leopoldo Bernucci
Lincoln Secco
Luís Bueno
Luiz Tatit
Marcelino Freire
Marco Lucchesi
Marcus Vinicius Mazzari
Marisa Midori Deaecto
Paulo Franchetti
Solange Fiuza
Vagner Camilo
Walnice Nogueira Galvão
Wander Melo Miranda

… ras
…sitárias
…uê?

Edito…
univers…
para q…

Paulo Franchetti — Æ — Plinio Martins Filho
Ateliê Editorial

Copyright © 2024 Paulo Franchetti & Plinio Martins Filho

Direitos reservados e protegidos pela Lei 9.610 de 19 de fevereiro de 1998.
É proibida a reprodução total ou parcial sem autorização, por escrito, da editora.

Dados Internacionais de Catalogação na Publicação (CIP)
(Câmara Brasileira do Livro, SP, Brasil)

Franchetti, Paulo / Martins Filho, Plinio
  Editoras universitárias para quê? / Paulo Franchetti, Plinio Martins Filho. – Cotia, SP: Ateliê Editorial, 2024.

  Bibliografia
  ISBN 978-65-5580-154-5

  1. Editoração 2. Editoras universitárias – Brasil 3. Editores e edição I. Martins Filho, Plinio. II. Título.

24-232510   CDD-070.5940981

Índices para catálogo sistemático:
1. Brasil: Editoras universitárias 070.5940981

Cibele Maria Dias – Bibliotecária - CRB-8/9427

Direitos reservados à **Ateliê Editorial**
Estrada da Aldeia de Carapicuíba, 897
06709-300 – Granja Viana – Cotia – SP
Tel.: (11) 4702-5915
instagram.com/atelie_editorial | contato@atelie.com.br
facebook.com/atelieeditorial | blog.atelie.com.br
www.atelie.com.br

Printed in Brazil 2024
Foi feito o depósito legal

Sumário

Nota prévia – *Paulo Franchetti* 9

I. EDIÇÃO UNIVERSITÁRIA NO BRASIL 11
Paulo Franchetti

1. Uma história de sucesso 13
2. Edição estatal e editoras universitárias 23
3. A expansão da imprensa universitária 33
4. Editoras universitárias para quê? 47
   Referências bibliográficas 59

II. EDITORAS UNIVERSITÁRIAS PÚBLICAS 63
Plinio Martins Filho

1. Caminhos e desafios 65
   Um conceito 67
   Infraestrutura 71
   Criação de identidade 74

2. Práticas editoriais 77
   O quê e como selecionar 78
   Direito autoral 80
   Copyright © 82
   Modelos de contratos 83
3. Preparação de texto 87
4. Projeto gráfico 93
5. Composição e revisão de provas 97
6. Profissionalização: uma necessidade 101
   Qualificação profissional 103
7. Divulgação: uma questão de imagem 107
8. Distribuição e comercialização 111
9. Política editorial e gestão 117
10. O futuro 125
    Referências bibliográficas 129

Sobre os autores 133

Nota Prévia

Reúnem-se neste volume dois textos de escopo diverso e complementar, nascidos da prática editorial em importantes instituições universitárias.

Durante onze anos, o autor do primeiro se empenhou em compreender e enfrentar a complexidade de um trabalho para o qual não estava preparado: dirigir a Editora Unicamp. O resultado desse estudo foi apresentado pela primeira vez no Instituto de Estudos Brasileiros da Universidade de Coimbra, num momento especialmente dramático da história brasileira, quando as conquistas culturais e sociais obtidas desde o final da ditadura pareciam seriamente ameaçadas. Nesse trabalho, apresentam-se primeiramente dados relevantes sobre a produção estatal de livros, bem como sobre a constituição de público para livros técnicos e monografias eruditas. Em seguida, narra-se o crescimento da imprensa universitária, terminando por refletir sobre a especificidade da edição universitária brasileira.

O segundo texto deste volume consubstancia muitos anos de estudo e atuação no campo do livro acadêmico. Seu autor, Plinio Martins Filho, depois de significativa experiência em editora de mercado, promoveu a reorganização editorial da Editora da Universidade de São Paulo, Edusp, que presidiu por dezoito anos. Paralelamente, como docente do curso de Editoração da Escola de Comunicações e Artes da USP, respondeu pela formação de centenas de editores e pela consolidação do catálogo da Com-Arte, a Editora Laboratório do Curso de Editoração. A cinquentenária experiência de Plinio Martins Filho resulta no texto que tem por objetivo expor os caminhos e desafios para criar e manter uma editora universitária, focando nos aspectos conceituais, bem como nas questões prementes da prática editorial cotidiana.

Além de apresentar ao leitor questões relevantes sobre o passado e o presente do livro acadêmico no Brasil, este volume constitui ainda a continuidade de um longo diálogo de mais de vinte anos entre os autores, sendo que o que assina o segundo texto foi sempre um mestre generoso daquele que assina o primeiro deles.

Nossa expectativa é que ele sirva não só como registro de uma história de sucesso, que é a da edição universitária no Brasil, mas também como informação e estímulo para colegas empenhados na continuidade desse relevante trabalho para a cultura nacional.

Paulo Franchetti
Campinas, junho de 2024

I. EDIÇÃO UNIVERSITÁRIA NO BRASIL

Paulo Franchetti

1. Uma história de sucesso

Sobre a história da imprensa de livros no Brasil há pesquisas de nível e de fôlego. Por exemplo, o trabalho clássico de Laurence Hallewell, *O Livro no Brasil*, publicado pela primeira vez em inglês em 1982, traduzido para o português em 1985, e atualizado em 2005 e 2012. E sobre a imprensa acadêmica em particular, a obra de referência é *Editoras Universitárias no Brasil – Uma Crítica para a Reformulação e a Prática*, de Leilah Santiago Bufrem, que foi publicada em 2000 e teve uma segunda edição atualizada e ampliada em 2015.

Para esta apresentação não é o caso de compor um longo relato baseado neles. Entretanto, convém trazer logo de início alguns dados básicos sobre a produção de livros no Brasil e sobre a constituição de público para livros técnicos e monografias eruditas, porque sem uma ideia, ainda que vaga, do leque dos esforços para constituir no Brasil um catálogo amplo de interesse acadêmico, fica mais difícil avaliar o lugar, a importância e a especificidade das editoras vinculadas às universidades no Brasil.

No que diz respeito à publicação de livros em geral, o país teve um começo tardio. Como se sabe, até a transferência da Corte, a impressão de livros era proibida na Colônia. Apenas em 13 de maio de 1808 – data curiosa, pois no mesmo dia, oitenta anos depois, seria assinada a lei que conduziria à queda da monarquia – começa oficialmente a história da imprensa no Brasil, com a criação da Impressão Régia. Esse órgão da monarquia reteve, até 1821, o monopólio da impressão. De modo que só após a independência começaram a multiplicar-se as tipografias no país. E a crescer e a diversificar-se a produção de livros. Mas num ritmo lento: ao longo do século XIX, os livros de autores brasileiros como Machado de Assis e José de Alencar ainda eram impressos em França. E a primeira editora de peso no Brasil, capaz de competir com as francesas, foi a Francisco Alves, já no século XX, que se especializou no setor do livro didático e técnico, para uma população estudantil crescente.

Entretanto, para avaliar corretamente o quadro e não imaginar um público leitor menos acanhado do que era de fato, considere-se que a universalização do ensino primário é tardia no Brasil. De fato, embora em 1874 uma província, a de São Paulo, tivesse determinado a obrigatoriedade das primeiras letras, a iniciativa não foi seguida pelas demais: pelo contrário, em 1879 um projeto de lei que tornaria obrigatório o ensino primário na capital do país não conseguiu ser aprovado no Congresso[1]. Em consequência, 80% da

---

[1] Laurence Hallewell, *O Livro no Brasil: Sua História*, 3. ed., São Paulo, Edusp, 2012, p. 314.

população do país era analfabeta no primeiro ano da República (1889).

A redução desse índice foi lenta: o censo de 1920, época em que se dá o primeiro grande ciclo de difusão da literatura para o interior do país, com a atuação de Monteiro Lobato, apontava taxa de 65% de analfabetismo na população de mais de quinze anos; quarenta anos depois, no censo de 1960, quando já é sensível o decréscimo, essa taxa ainda se revela muito alta (40%). E basta considerar os números recentes para constatar que o ritmo de diminuição continuou constante, porém menor que o desejável, e sem saltos significativos: em 2000, entre os maiores de quinze anos cerca de 14% eram analfabetos e em 2016 ainda 7% da população não sabia ler nem escrever[2]. O quadro é, porém, muito pior quando se considera não a alfabetização de modo abstrato, mas a alfabetização efetiva, no sentido da plena capacidade de leitura e escrita. De fato, um estudo concluído em 2015 apontava que 27% dos brasileiros entre quinze e 64 anos eram analfabetos funcionais. E o pior: dentre os 73% de alfabetizados funcionalmente, apenas 8% foram avaliados como plenamente proficientes em leitura e escrita. Finalmente, outra conclusão espantosa: esses 8% se distribuíam em proporções iguais entre pessoas que cursavam ou haviam terminado o ensino médio e pessoas que cursavam ou haviam concluído o ensino superior – o que pode sugerir que todo o enorme investimento e esforço de criação de novos cursos

---

2 Alceu Ravanello Ferraro, "Analfabetismo e Níveis de Letramento no Brasil: O que Dizem os Censos?", *Educação e Sociedade*, vol. 23, n. 81, dez. 2002; Paula Ferreira, "Brasil Ainda Tem 118 Milhões de Analfabetos, Segundo o IBGE", *O Globo*, 21.12.2017.

superiores não tenha surtido grande efeito no que toca ao desenvolvimento da capacidade de leitura e escrita da população[3].

Não obstante esse índice alto de analfabetismo funcional, a indústria do livro teve um crescimento acentuado até o segundo Pós-Guerra: de 146 editoras em 1936, chegamos a 280 em 1948. Entretanto, a parte impressionante dessa expansão se deu nos anos de 1930, como mostram, entre outros, os números do crescimento da Companhia Editora Nacional: criada em finais de 1925, a partir das cinzas da editora de Monteiro Lobato, publica, em 1926, 27 títulos, tirando um total de 175 mil exemplares; em 1932, já imprime 158 títulos, com tiragem total de 1 192 000 exemplares, e cresce até atingir a média, entre 1938 e 1948, de quatrocentos títulos e três e meio milhões de exemplares por ano[4].

No que diz respeito à produção livreira especializada, como assinala Hallewell, o marco divisório pode ser considerado a Revolução de 1930. Nas suas palavras: "a revolução constitui um marco tão fundamental para a nossa história – e, de fato, para a história do Brasil em geral – quanto a chegada da família real, em 1808, o foi para o país"[5]. De fato, na sequência imediata da tomada do poder por Getúlio Vargas, enterrando a aliança da velha oligarquia, é criado o Ministério da Educação e Saúde Pública, e no ano seguinte, 1931, tem início a Reforma Campos. Datam dessa época a criação do Conselho Nacional de Educação e a implementação do ensino elementar

---

3 VV.AA., *Indicador de Alfabetismo Funcional – Inaf. Estudo Especial Sobre Alfabetismo e Mundo do Trabalho*, São Paulo, Ação Educativa/Instituto Paulo Montenegro, 2016.
4 Laurence Hallewell, *O Livro no Brasil: Sua História*, p. 858.
5 *Idem*, pp. 462-463.

gratuito, bem como a reformulação do ensino secundário, dividindo-o em dois ciclos (um ciclo fundamental de cinco anos e um complementar, de dois anos, voltado à preparação dos candidatos para seguir carreira nas áreas de direito, biomédicas ou engenharias). Essa reforma foi, por sua vez, alterada onze anos depois, quando Gustavo Capanema reverteu a ênfase nas ciências e fez retornar o ensino secundário à linha de formação tradicional, dando a ele a forma que perduraria até 1961: quatro anos de formação geral e três anos de formação complementar, em que a ênfase era dada à cultura geral e humanística[6]. A obrigatoriedade do ensino básico e essas reformas e reviravoltas no ensino médio que obrigaram a adequar e readequar em pouco mais de uma década todo um conjunto de manuais de larga utilização em nível nacional tiveram grande impacto na indústria do livro. Para atender principalmente à demanda de livros e manuais escolares, bem como às demandas dos cursos superiores, desenvolveu-se muito por essa época o parque gráfico do Estado de São Paulo. Segundo Hallewell, em 1941 já estava em funcionamento ali um dos maiores centros gráficos do hemisfério ocidental, contando com 4 368 firmas de impressão, 33 litográficas e 26 de estereotipia, empregando quinze mil pessoas. Localizavam-se igualmente no Estado dezesseis das 38 fábricas de papel, que respondiam por 70% da produção do país[7].

Se a imprensa teve implantação tardia no Brasil, o mesmo se pode dizer da universidade. Na verdade, em comparação com o resto do mundo o Brasil entrou na

---

6   Otaíza de Oliveira Romanelli, *História da Educação no Brasil (1930/1973)*, 8. ed., Petrópolis, Vozes, 1986, p. 158.
7   Laurence Hallewell, *O Livro no Brasil: Sua História*, p. 540.

era da universidade com enorme atraso. Enquanto em outros países da Ibero-América foram criadas universidades já no século XVI (São Domingos, 1538; Peru e México, 1551; Equador, 1586), no Brasil as primeiras instituições universitárias aparecem apenas no século XX.

É verdade que desde muito antes havia faculdades esparsas. De Direito e de Medicina, por exemplo. Mas universidades, no sentido pleno da palavra, só a partir dos anos de 1920 ou 1930. A oscilação das datas explica-se porque as primeiras autodenominadas universidades, como a do Rio de Janeiro e a de Minas Gerais, nada mais eram do que a junção de três ou quatro faculdades isoladas. A primeira universidade brasileira, concebida como tal, é a Universidade de São Paulo, criada em 1934 e já adequada ao Estatuto das Universidades Brasileiras, promulgado em 11 de abril de 1931, que também reformulou a Universidade do Rio de Janeiro. No ano seguinte foram criadas a Universidade do Distrito Federal e a Universidade de Porto Alegre, e a população estudantil do ensino superior beirava a casa dos trinta mil. Essa expansão sofreu um revés quando do golpe de Estado de 1937: a Universidade do Distrito Federal, de concepção semelhante à da USP, que em 1936 já tinha quatrocentos alunos e formara sua primeira turma em 1937, foi fechada pelo governo em 1939 – sob a acusação de abrigar muitos comunistas. Na sequência, viveu-se no plano federal um período de estagnação, diminuindo o número de formados, que só viria a recuperar o crescimento com o fim do Estado Novo, em 1945[8].

---

8 CPDOC, "A Era Vargas", s.d.

A partir daí foram criadas várias instituições federais, nas capitais dos Estados, e a primeira Universidade Católica, no Rio de Janeiro.

Desde então o crescimento do ensino universitário foi rápido: em 1969 já eram 46 universidades e 342 886 estudantes de nível superior; e no Censo da Educação Superior, realizado em 2016, o Brasil já possuía 197 universidades, que, somadas às faculdades, perfaziam o total de 2 407 instituições de ensino superior, com um total de 8 048 701 estudantes matriculados[9].

Um aspecto a considerar, no que diz respeito à criação de cursos superiores no Brasil, é o que isso significou em termos de levar o conhecimento e a publicação de escopo universitário para fora das capitais. E nesse aspecto o caso mais impressionante é o da unidade mais industrializada da Federação. É verdade que a USP, em si mesma, pelo caráter elitista dos seus cursos – boa parte ministrada, nos primeiros anos, em francês –, não produziu tantos formados quantos eram necessários à expansão do ensino médio no Estado[10]. Entretanto, entre a redemocratização de 1945 e o golpe militar de 1964, como sua estrutura se revelasse insuficiente para atender à demanda de vagas – principalmente no que toca à formação de professores –, foram criadas nada menos que sete faculdades de Filosofia, Ciências e Letras, e seis de caráter técnico no interior do Estado. Nesse processo foi a USP que serviu de modelo e parâmetro e foram seus professores que as dirigiram,

---

9 Laurence Hallewell, *O Livro no Brasil: Sua História*, p. 860; INEP/MEC, *Senso da Educação Superior 2016 – Notas Estatísticas*.

10 A propósito, foi somente em 1941 que o número de formados na FFCL ultrapassou a casa da centena (Laurence Hallewell, *O Livro no Brasil: Sua História*, p. 552).

convocando, na maior parte das vezes, seus egressos para integrar os quadros essenciais à distribuição capilar da Universidade. Para ilustração da forma como foram implantados esses institutos, que em 1976 seriam agrupados para formar a Unesp, eis o depoimento do primeiro diretor da Faculdade de Filosofia, Ciências e Letras de Assis, Antônio Soares Amora:

> Eu achei que Assis devia ter uma Faculdade de Letras e como foi criada a Universidade de São Paulo, quer dizer, para gerar saber. Era preciso que em francês se produzisse em Assis um produto tão bom quanto se podia produzir em qualquer centro de estudos franceses. Era necessário produzir em Literatura Brasileira qualquer coisa tão boa quanto se podia produzir, digamos, talvez, em São Paulo, porque a coisa estava um pouco crítica em São Paulo, e por isso levei o Antonio Candido para a [Literatura] Brasileira. E depois levei o Jorge de Sena para a Literatura Portuguesa... O projeto foi feito em São Paulo. Ele saiu pronto e foi posto no chão pronto, foi todo preparado aqui na USP. Até a lista dos livros, dos pacotes, os caixotes, os impressos, foi tudo prontinho[11].

Nos anos seguintes houve duas iniciativas de relevo, no campo universitário, com a criação de duas universidades concebidas e planejadas de modo inovador: a Universidade de Brasília, segundo um projeto grandioso de Darcy Ribeiro, que tem especial importância para este trabalho porque incluía desde o início a primeira editora universitária brasileira

---

11 Anna Maria Martinez Corrêa, "Institutos Isolados de Ensino Superior do Estado de São Paulo – Memória da Criação das Escolas que Vieram a Integrar a Unesp", 2016.

(1961); e a Universidade Estadual de Campinas, criada por decreto de 1962, mas instalada efetivamente apenas no período militar, em 1966. Dentre as universidades brasileiras, a Unicamp se destaca por ter sido pensada e implementada como universidade de pesquisa destacando-se, desde os primeiros anos, não apenas pela grande produtividade científica, mas também pelo investimento preferencial em cursos de pós-graduação. Enquadrava-se assim e respondia a uma política de estímulo aos estudos de pós-graduação, institucionalizada em 1951 a nível federal com a criação da Coordenação de Aperfeiçoamento de Pessoal do Ensino Superior (Capes) e do Conselho Nacional de Pesquisa (hoje denominado Conselho Nacional de Desenvolvimento Científico e Tecnológico). Política essa de resultados impressionantes num país subdesenvolvido, como se pode ver pela evolução dos números a seguir: as matrículas em curso de mestrado, que em 1956 eram 1 983, saltaram para 107 150 em 1975; enquanto os doutoramentos partiram de 591 para 1 975 no mesmo período[12]. Já um levantamento oficial feito durante o ano de 2015 chegou à cifra de 256 mil alunos matriculados em cursos de pós-graduação (121 mil em mestrados, 102 mil em doutorados e 33 mil em mestrados profissionais), sendo titulados, entre mestrados e doutorados, no mesmo ano, 65 142 estudantes (18 600 doutores, 46 500 mestres)[13].

Considerando esses dados, é fácil ver que no terceiro quartel do século passado constitui-se rapidamente um significativo público de nível superior, a demandar livros e a incentivar a produção editorial

---

[12] Laurence Hallewell, *O Livro no Brasil: Sua História*, p. 860.
[13] Inep/MEC, *Senso da Educação Superior 2016 – Notas Estatísticas*.

para esse segmento. E mais claro fica o enorme salto que existe, na educação superior de graduação e pós-graduação, entre o início da década de 1970 e as primeiras décadas do século XXI. Que é justamente o período em que a edição universitária ganha corpo e excelência no país.

2. Edição estatal e editoras universitárias

Do ponto de vista da edição de interesse universitário, os anos de 1930 e 1940 foram excepcionais. Grandes editoras comerciais constituíram catálogos importantes e eruditos, geralmente sob a direção de intelectuais ligados à universidade. Um caso exemplar é a editora Martins, instalada em São Paulo. Iniciando atividades editoriais em 1940, criou coleções de relevo para os estudos universitários, como a Biblioteca Histórica Brasileira, dirigida por Rubens Borba de Moraes, a Biblioteca do Pensamento Vivo e, por fim, entre outras, a Coleção Mosaico, iniciativa pioneira de livros de formato pequeno e conteúdo exigente, pensada para ser vendida a baixo preço, na qual Antonio Candido publicou *Brigada Ligeira* (1945).

Nesse quadro de formação de acervos de leitura em sintonia com a evolução da escolarização, um acontecimento de grande importância foi a criação, em 1937, logo após a instauração da ditadura varguista, do Instituto Nacional do Livro.

Fundado com o objetivo expresso de promover a produção e a divulgação do livro no Brasil, o INL era dividido em três seções: *1.* a seção da enciclopédia e do dicionário, com o objetivo de elaborar e publicar a *Enciclopédia Brasileira* e o *Dicionário Nacional*, que constituiriam as bases para a definição e a afirmação da cultura nacional e da sua língua; *2.* a seção de publicações, encarregada de "editar toda sorte de obras raras ou preciosas, que sejam de grande interesse para a cultura nacional", e ainda desenvolver ações para "aumentar, melhorar e baratear a edição de livros no país, bem como para facilitar a importação de livros estrangeiros"; e *3.* a seção de bibliotecas, dedicada à criação de bibliotecas nos municípios, oferecendo a elas assistência técnica e, principalmente, livros.

Dessas três, apenas a primeira, dirigida pelo poeta Américo Facó, e contando com a consultoria de Mário de Andrade, ficou sem cumprir, nem mesmo parcialmente, seus objetivos. O projeto elaborado por Mário de Andrade não foi implementado e quando, na década de 1950, a ideia foi retomada com modificações, já não tinha força nem sentido no âmbito do novo sistema cultural, no qual a universidade – e especialmente a Universidade de São Paulo, por meio da sua Faculdade de Filosofia, Ciências e Letras – passara a ser o lugar privilegiado na produção do conhecimento sobre o país[1].

---

[1] Ver a propósito do INL e seus projetos editoriais os trabalhos de Mariana Tavares ("Editando a Nação e Escrevendo sua História: O Instituto Nacional do Livro e as Disputas Editoriais entre 1937-1991", *Aedos*, n. 15, vol. 6, jul.-dez. 2014; "Uma Obra 'Universal' e Universitária – Breve Ensaio sobre a *Enciclopédia Brasileira* do Instituto Nacional do Livro e os Projetos

O setor de publicações, dirigido por Sérgio Buarque de Holanda até 1944, teve um começo difícil: foram projetadas várias coleções para atender ao objetivo de constituir um catálogo de obras de referência da cultura brasileira, e, embora tenha havido publicações de relevo, como o *Dicionário do Folclore Brasileiro* (1963), de Luís da Câmara Cascudo, e a *Introdução ao Estudo da Literatura Brasileira* (1963), de Brito Broca e José Galante de Sousa, os resultados, em termos de publicação própria, ficaram aquém do idealizado.

Já o setor de bibliotecas realizou uma tarefa notável. Para ter uma rápida ideia da penetração do livro de qualidade no interior do país, considere-se que já em 1941 havia no sistema, cadastradas para envio de materiais, 1 325 bibliotecas, e tinham sido distribuídos, entre publicações próprias do INL e livros comprados para envio, 86 mil exemplares. Em 1946 o número de bibliotecas cadastradas subiria para 3 680. E em 1967 atingiria o montante de onze mil[2].

Apesar da sua importância cultural enquanto projeto e realização, foi apenas a partir de 1970, quando encerrou a publicação própria e passou a coeditar livros de interesse com editoras comerciais,

---

da Década de 1950", *Revista Crítica de Ciências Sociais*, n. 111, dez. 2016; "Digressões Sobre o Gênero Enciclopédico – A *Enciclopédia Brasileira* em Meio às Transformações do Campo Científico da Década de 1950", *Mosaico*, vol. 8, n. 13, 2017). O anteprojeto da *Enciclopédia* teve duas versões: o texto entregue ao ministro Capanema e uma publicação em periódico, em 1940. Esta última foi objeto de uma edição cuidadosamente anotada por Flávia Camargo Toni, que permite verificar o escopo e as preocupações de Mário de Andrade ao pensar a questão da *Enciclopédia* e seu lugar na cultura brasileira (Mário de Andrade, *A Enciclopédia Brasileira*. São Paulo, Edusp/Editora Giordano Ltda./Edições Loyola, 1993).

2 Aníbal Bragança, "As Políticas Públicas para o Livro e a Leitura no Brasil: O Instituto Nacional do Livro (1937-1967)", *Matrizes*, ano 2, n. 2, p. 238, primeiro semestre de 2009.

que o INL de fato influiu na história da edição para a universidade.

Mas nessa época já duas grandes editoras de universidades públicas estavam em atividade: a da Universidade de Brasília – UnB e a da Universidade de São Paulo – USP[3].

E aqui começa propriamente a nossa história.

A Editora da UnB foi criada em 1961. A da USP, no ano seguinte, 1962. Dois anos depois ocorreria o golpe de 1964, e no período que se sucedeu nenhuma outra editora universitária foi criada até 1970.

O modo de funcionamento das duas primeiras editoras universitárias brasileiras era muito diverso. A UnB nascia já com um orçamento, que em valores de hoje seria de cerca de cem mil dólares, destinado a permitir que cumprisse a missão de publicar textos relevantes para a formação de repertórios eruditos. Com esse perfil, começou a compor seu catálogo com a Coleção Biblioteca Básica Brasileira, que reuniria obras relevantes na área de artes e humanidades. Ali foram publicados, por exemplo, *Raízes do Brasil*, de Sérgio Buarque de Holanda, *A Cultura Brasileira*, de Fernando Azevedo, e *Casa-Grande & Senzala*, de Gilberto Freyre[4]. E ao longo dos anos firmou um catálogo impressionante de textos clássicos de filosofia, política e antropologia, ao mesmo tempo que adquiriu direitos de publicação de obras contemporâneas nos vários domínios do conhecimento. É certo

---

3   Hallewell (*O Livro no Brasil: Sua História*, p. 698) diz que a primeira editora universitária foi criada em 1955, na Universidade Federal de Pernambuco. Leilah Santiago Bufrem (*Editoras Universitárias no Brasil – Uma Crítica para a Reformulação e a Prática*, 2. ed. rev. e ampl., São Paulo, Edusp, 2015, p. 39), que a primeira é a da UnB. Na verdade, o que importa aqui é menos a definição da anterioridade do que o início da presença efetiva da editora universitária no panorama editorial brasileiro.

4   Leilah Santiago Bufrem, *Editoras Universitárias no Brasil*, p. 153.

que também publicou coedições, mas o catálogo foi sendo composto praticamente por livros próprios. Para ter uma ideia da dimensão, considere-se que em 2004 a editora tinha publicado 1 500 títulos, além de manter uma revista trimestral intitulada *Humanidades*, que foi publicada até 1974, com tiragem de vinte mil exemplares[5].

Uma atuação de tal vulto não deixou de causar alvoroço no mercado editorial, uma vez que era a primeira vez que o Estado efetivamente publicava livros de modo sistemático e em escala. A reação das editoras privadas não se fez esperar muito. O Sindicato Nacional dos Editores de Livros passou a reunir reclamações quanto à atuação da UnB, que inclusive mostrava-se capaz de competir com a iniciativa privada na aquisição de direitos nas grandes feiras internacionais[6]. A polêmica explodiu em 1981, quando o *Boletim Informativo* trouxe um artigo do editor da Nova Fronteira, Sérgio Lacerda, intitulado "O Livro, as Editoras e o Estado-Editor"[7].

Já a Editora da USP começou seus trabalhos de modo muito diferente. De fato, no documento elaborado pela comissão responsável pela sua implantação vinha expresso o lugar que lhe era reservado: a Edusp "não competirá com editoras particulares", exceto para defender o direito do autor, estimular a renovação do catálogo de interesse para a universidade e permitir a redução do preço dos livros.

---

5   Quando da elaboração deste trabalho, em 2018, a Editora da UnB contava com 1 333 títulos em catálogo, sendo 620 ativos e disponíveis para venda.
6   Ver, a propósito, registro da presidente do Snel, Regina Bilac Pinto, em Snel, *História*, s.d.
7   Sérgio Lacerda, "O Livro, as Editoras e o Estado-Editor", *Boletim Informativo*, vol. 2, n. 3, Rio de Janeiro, Sindicato Nacional dos Editores de Livros, 1981; Leilah Santiago Bufrem, *Editoras Universitárias no Brasil*, p. 42.

Após um começo tímido, entre 1964 e 1988 a Edusp funcionou apenas como coeditora: recebia propostas de editoras de mercado e solicitava parecer de mérito de um especialista da casa. Uma vez aprovada a publicação, a comissão editorial decidia quantos exemplares adquiriria, quase sempre o que representasse um terço da tiragem, com desconto entre 30 e 40%. E se encarregava do pagamento dos direitos autorais dessa parte adquirida.

Na prática, isso significa que o editor comercial tinha subsídio total da edição, sem sequer o risco da competitividade, pois a Edusp comprava com desconto de livraria e por contrato ficava impossibilitada de vender os livros fora dos seus *campi*.

Sem estrutura de vendas, o resultado foi que, em 1989, quando passou pela reformulação que lhe deu a feição atual, encontravam-se em estoque mais de quatrocentos mil exemplares dos livros coeditados, sendo 149 mil – para ter ideia do descalabro – referentes a apenas uma coleção, coeditada com uma única editora[8].

Tendo em vista esse quadro, pode-se dizer que a Edusp, de 1964 até 1989, não foi – a rigor – uma editora, pois só atuava na seleção dos títulos e na compra de parte da tiragem, sem deter os direitos autorais, sem meios efetivos de estabelecer preço de capa e sem poder comercializar livremente a parte que lhe cabia de cada edição.

Nesse sentido, a Edusp, nesses primeiros tempos, assumia o papel básico de financiadora da edição de interesse universitário. Equiparava-se, mas com muita desvantagem, ao Instituto Nacional do Livro,

---

[8] Plinio Martins Filho e Marcelo Rollemberg, *Edusp – Um Projeto Editorial*, 2. ed., Cotia, SP, Ateliê Editorial, 2001 p. 57.

que a partir de 1970 deixara de publicar e passara a ser apenas, como a Edusp, coeditor.

A diferença é que o INL tinha um papel ativo, seja na escolha dos títulos – que frequentemente eram indicados por ele –, seja nos custos da edição, pois participava da elaboração do orçamento e da definição do preço de venda. Preço esse que vinha inclusive impresso na capa, enquanto o permitiu a inflação. Além disso, a importância social do INL foi enorme, pois toda a sua parte de cada edição não era vendida, mas sim doada a bibliotecas públicas.

O espectro dessas publicações, de que normalmente se tiravam cinco mil exemplares, era amplo. Estendia-se dos livros da escola primária, distribuídos gratuitamente a alunos carentes e vendidos com desconto de 40% aos demais, até "obras fundamentais da cultura brasileira", conforme especificava um decreto normativo de 1976.

No que diz respeito à edição destinada exclusivamente à universidade, sua ação também foi notável: em 1972 as coedições se estenderam a esse segmento e no ano seguinte o INL iniciou uma política de financiamento a autores brasileiros que se dispusessem a produzir manuais universitários em áreas nas quais não houvesse oferta de livros em português.

O INL, embora fossem os anos de 1970-1980 o período de sua mais notável atuação, continuaria a apoiar a publicação de interesse cultural e universitário até a sua extinção, em 1991, no governo de Fernando Collor[9].

9 Embora esteja fora do escopo deste texto, vale a pena lembrar que os anos 1990 constituíram, do ponto de vista da atuação governamental para a difusão do livro, um período de poucas realizações, embora de grandes gastos governamentais, por falta de coordenação e de planejamento de ações consequentes. Foi apenas no primeiro governo

Para quem conhece a história do Brasil, é natural estranhar uma tão ampla atividade num dos períodos mais autoritários da vida nacional, o governo de Emílio Garrastazu Médici (1969-1974). Como órgão federal, é certo que o INL estava sujeito ao controle governamental. Mas é notável que, como aponta Hallewell, não pareça ter havido filtro político na escolha das editoras parceiras, pois algumas notórias adversárias do regime participaram do programa de coedições, como foi o caso da Civilização Brasileira e da Paz e Terra – cujo editor, Ênio Silveira, tinha sido preso sete vezes pelo regime –, que tiveram no período 21 coedições[10].

A verdade é que o quadro da produção de livros no período militar é muito complexo. Renato Ortiz, num livro que traz como subtítulo *Cultura Brasileira e Indústria Cultural*, assim descreve os decênios que precedem a expansão da edição universitária:

> O que caracteriza a situação cultural dos anos 60 e 70 é o volume e a dimensão do mercado de bens culturais. [...] Durante o período que estamos considerando ocorre

---

Lula que teve início uma política de amplo alcance e grandes realizações, com a promulgação da Lei do Livro (2003), a completa desoneração fiscal do livro no Brasil (2004) e, finalmente, com a criação, em 2006, do Plano Nacional do Livro e da Leitura – PNLL (a propósito, ver Galeno Amorim (org.), *Políticas Públicas do Livro e da Leitura*, Brasília/São Paulo, Organização dos Estados Americanos/Cultura Acadêmica, 2006). O PNLL não contemplou diretamente a imprensa universitária ou a universidade. Por isso não entra neste rápido panorama, apesar da sua relevância social. Um conjunto de dados e textos que permitem vislumbrar os objetivos e a extensão do Plano se encontra em http://www.cultura.gov.br/pnll. Para uma análise da política cultural e de difusão do livro no século XX brasileiro, ver o panorama crítico de Felipe Lindoso, *O Brasil Pode Ser um País de Leitores? – Política para a Cultura / Política para o Livro*, São Paulo, Summus, 2004.

[10] Laurence Hallewell, *O Livro no Brasil: Sua História*, p. 622.

uma formidável expansão, a nível de produção, de distribuição e de consumo da cultura; é nesta fase que se consolidam os grandes conglomerados que controlam os meios de comunicação e da cultura popular de massa[11].

Mas o que mais impressiona no período, para o que aqui interessa examinar, é outra coisa: é a forma como se entrelaçaram a cultura erudita e a indústria cultural, e como esta se dedicou à produção de livros de interesse universitário. Mais do que isso, impressionam os dados de produção e consumo. Um caso é exemplar: a coleção Os Pensadores, publicada pela Abril Cultural entre 1973-1975. Composta por 52 volumes, organizados pelo escol intelectual universitário em traduções bem cuidadas e, na sua maioria, da língua original, a coleção alcançou um público inatingível pelos meios tradicionais de difusão do livro, porque foi vendida em bancas de jornal, valendo-se da estrutura de distribuição das revistas de massa. O resultado foi notável: os livros venderam uma média de cem mil exemplares por semana e até hoje são utilizados em cursos universitários. Essa coleção foi precedida ou seguida por outras, que se valeram da mesma forma de distribuição. Dentre elas, destaca-se a intitulada Imortais da Literatura – cinquenta volumes publicados também quinzenalmente entre 1970 e 1972. Já em 1983, às vésperas do momento de expansão das editoras universitárias, a mesma editora Abril Cultural distribuiu uma nova edição de *O Capital*, vendendo sessenta mil exemplares apenas no primeiro mês[12].

---

11 Renato Ortiz, *A Moderna Tradição Brasileira – Cultura Brasileira e Indústria Cultural*, 5. ed., São Paulo, Brasiliense, 1995, p. 121.
12 Laurence Hallewell, *O Livro no Brasil: Sua História*, p. 568.

Esses dados mostram, além de uma curiosa configuração da cultura brasileira, um fato digno de nota: dada a inexistência de uma rede de distribuidores e de livrarias, e dadas a expansão do ensino universitário e a valorização da cultura erudita (talvez abstrata, mas em todo caso atuante), coube à indústria cultural suprir essa demanda reprimida, mas não de qualquer forma (por exemplo, editando traduções de traduções, pautadas pelo preço e fácil disponibilidade) e sim pela contratação de intelectuais reconhecidos, egressos da universidade ou pertencentes, na sua maior parte, ao seu quadro docente e a eles delegando o trabalho de elaboração dos volumes[13].

A atuação de intelectuais acadêmicos na indústria cultural brasileira e a importância dessa interação fogem aos limites deste trabalho, mas sem dúvida mereceriam mais atenção dos pesquisadores interessados na singular conformação da cultura brasileira de finais do século XX. Para os nossos fins, porém, basta registrar que a demanda por textos de interesse universitário – à qual se dirigiram essas coleções – deve ter contado como fator importante na expansão das editoras universitárias fora das capitais do Sul e do Sudeste do país.

---

[13] Aqui talvez pudesse dar o meu testemunho: não fossem as grandes coleções da Abril Cultural, que chegavam até a pequena cidade sem livrarias nem bibliotecas onde eu vivia, dificilmente teria tido interesse pela carreira intelectual na área das humanidades.

3. A expansão da imprensa universitária

Na década de 1970, enquanto a Editora UnB prosseguia seu projeto editorial aos trancos e barrancos, por conta da repressão política, a Edusp continuava financiando editoras comerciais e a indústria cultural ocupava espaços, a necessidade de atender à demanda de livros por parte de um público acadêmico crescente nas várias unidades da Federação estimulou a criação de editoras em universidades fora do eixo Rio-São Paulo. Para apoiar e aprimorar essas novas editoras, na década seguinte foi criado o Programa de Estímulo à Editoração do Trabalho Intelectual nas IEs-Federais (Proed), destinado a subsidiar editoras vinculadas a instituições de ensino federais. O Proed, ao mesmo tempo, estimulou a implantação de novas editoras universitárias, tendo sido criadas, durante a sua vigência (1981-1988), nada menos do que 26 delas.

É certo que essa denominação recobria na época tanto as gráficas que se improvisaram em editora sem estrutura para tal, quanto várias verdadeiras editoras, dotadas de estrutura de seleção de originais, preparação e distribuição. Por isso mesmo, o Proed, além de financiar a produção, trabalhou para garantir a qualificação mínima das casas editoriais, trazendo, em suas recomendações, que as beneficiárias que não possuíam conselho editorial deveriam constituí-lo o mais rápido possível[1].

Como decorrência do Proed, o número de organismos identificados como "editora universitária" cresceu muito rapidamente: em 2000 já havia 66; e em 2018, reunidos na Associação Brasileira de Editoras Universitárias, já eram 121. Desses, a maior parte se vinculava a universidades federais e estaduais (73); dez eram autarquias e 38 pertenciam a universidades particulares.

Entretanto, a denominação "editora universitária" continua abrangente, como mostra a simples leitura dos nomes das integrantes da Associação Brasileira de Editoras Universitárias – Abeu, pois não é evidente que um órgão como a Imprensa Oficial do Estado de São Paulo pertença à categoria "universitária", mesmo que se tenha definido formalmente, em certo momento, como editora[2].

---

1 Leilah Santiago Bufrem, *Editoras Universitárias no Brasil*, p. 131.
2 Como notam Maria do Carmo Guedes e Maria Eliza Mazzilli Pereira, essa dificuldade de conceituação do que seja editora universitária é antiga: o primeiro estatuto da Abeu (fundada em setembro de 1987) trazia, como requisito para a filiação, que a pretendente tivesse conselho editorial e estivesse vinculada a uma instituição de ensino superior; ainda na revisão do estatuto, em 1999, essas mesmas exigências foram reafirmadas (Maria do Carmo Guedes e Maria Eliza Mazzili Pereira, "Editoras Universitárias – Uma Contribuição à Indústria ou à Artesania Cultural?", *São Paulo em Perspectiva*, vol. 14, n. 1, jan.-mar. 2000). Já no estatuto aprovado em 2005 desapareceram tanto a exigência do

Sem levar adiante essa questão, que tem a ver também com o financiamento público das editoras acadêmicas – uma vez que órgãos como a Imprensa Oficial patrocinaram amplamente as atividades da Associação e desenvolveram políticas de coedições que permitiram enorme ganho de qualidade e aumento de tiragem –, voltemos agora à história da edição universitária, para assinalar o grande acontecimento que foi a reformulação da Edusp, ocorrida a partir de 1989 e que vai torná-la rapidamente a mais importante editora universitária do Brasil, seja pelo impressionante catálogo, seja pela definição de um projeto editorial inovador, que levou a novo patamar a edição brasileira[3].

Esse trabalho magnífico, idealizado por João Alexandre Barbosa e efetivado por Plinio Martins Filho, não alterou, porém, a forma de funcionamento da Edusp no que diz respeito à distribuição e à comercialização, pois a editora continuou a ser um órgão da universidade e sujeita, portanto, aos limites operacionais devidos à morosidade burocrática do serviço público. Assim, se houve um ponto fraco no enorme desenvolvimento da Edusp, esse ponto foi o descompasso entre uma grande produção de livros de altíssima qualidade e uma pequena estrutura de comercialização. Esse descompasso, tão comum na vida das editoras universitárias vinculadas a universidades públicas, só não foi mais limitador, no caso da Edusp, por conta do gigantismo do seu *campus*

---

conselho quanto a de estar ligada a uma instituição de ensino superior. Basta agora comprovar que se trata de editora vinculada "a instituições de ensino, pesquisa ou a órgãos públicos", apagando-se assim um traço que importava para a qualificação de uma editora como "universitária".

3 A história ilustrada do processo de reformulação da Editora da Universidade de São Paulo está documentada no volume de autoria de Plinio Martins Filho e Marcelo Rollemberg, *Edusp – Um Projeto Editorial*.

paulistano (a que se juntam os das unidades espalhadas pelo interior do Estado), que permitiu que uma parte da sua produção encontrasse o público a que se destinava.

Nesse ponto, creio ser possível dizer que podemos ver, na forma de organização institucional da Editora UnB e da Edusp, os dois tipos, os dois modelos genéricos de editora universitária pública brasileira: a que se constitui como fundação e por isso pode ter maior liberdade na obtenção e no emprego de verbas editoriais, bem como desenvolver uma significativa ação de mercado, tanto na disputa de títulos e espaços com editoras privadas quanto na distribuição comercial de seus produtos; e a que está diretamente vinculada à universidade, submetida portanto aos entraves e à lentidão da burocracia para compras, recebimentos e alocação de recursos, bem como à fiscalização e à auditoria dos órgãos públicos.

Dentre as muitas editoras surgidas no período de acentuada expansão que foram os anos de 1980, foram criadas três que, ao longo dos anos, terminariam por se impor pela qualidade do catálogo, pelos prêmios recebidos e pela projeção nacional e internacional, e que enfrentariam e resolveriam, à sua maneira, as dificuldades de se situar no mercado, devido aos entraves derivados do funcionamento dos órgãos públicos. São elas, por ordem cronológica de surgimento, as já mencionadas editoras da Universidade de Campinas (1982), da Universidade Federal de Minas Gerais – UFMG (1985) e da Universidade Estadual Paulista – Unesp (1987).

A da Unesp foi a que mais cedo resolveu a situação: em 1996 transformou-se na Fundação Editora da Unesp e pôde, a partir de então, atuar de modo semelhante ao da UnB, no que diz respeito à aquisição de títulos e à penetração no mercado, logo obtendo notável desenvoltura comercial para escoar a sua produção. Já as editoras da Unicamp e da UFMG encontraram uma solução que poderíamos chamar de modelo misto, em relação à sua forma de atuação: administrativa e academicamente fazem parte da estrutura da universidade a que pertencem, enquanto, para efeitos comerciais, contratação de serviços e mesmo de pessoal, passaram a dispor da mediação de uma fundação não exclusiva, vinculada à universidade.

Não é preciso mais para perceber que nem todas as editoras universitárias enfrentam os mesmos problemas, nem constroem seus catálogos da mesma maneira. Mas todas, cada uma a seu modo, têm de responder à questão fatal, apresentada não só pelos gestores públicos, mas também pela rede comercial de produção, divulgação e venda de livros: por que devem existir editoras universitárias? – e, mais especificamente: por que devem existir editoras universitárias vinculadas a universidades públicas?

Da mesma forma, todas encontram um desafio comum: precisam encontrar formas de distribuir e vender os seus livros, pois a vendagem é não apenas uma fonte de renda para implantar novos projetos, mas também uma forma de justificar as próprias escolhas de catálogo e, em última instância, a importância da sua atividade editorial, pela disseminação do seu catálogo.

Comecemos pelo mais crucial e, ao mesmo tempo, mais simples, do ponto de vista conceitual: a necessidade de vender os livros e as formas de o fazer.

Por definição (embora isso não seja inteiramente aplicável a todos os casos concretos), uma editora universitária produz obras destinadas ao público universitário. Sendo assim, seria de esperar que a venda da sua produção se fizesse sem problemas, uma vez que o aumento do número de estudantes e de professores tem sido uma constante, como se viu há pouco. Entretanto, não é isso que ocorre.

Primeiro porque a maior parte das editoras acabou por ter dificuldades para emitir notas fiscais. Assim, a rede de distribuição comercial não esteve disponível para elas.

É verdade que as livrarias foram gradativamente desaparecendo da paisagem brasileira e substituídas por *sites*, sejam os das grandes redes, sejam os de empresas como a Amazon. Mas, mesmo para esses – que exigem o desconto dado a um distribuidor –, são necessários o documento fiscal e um contrato comercial.

Para fazer frente ao problema da distribuição e venda, foi idealizado, em 1982, o PIDL – Programa Interuniversitário de Distribuição de Livro – depois encampado pela Abeu –, pelo qual as editoras participantes tinham, por meio de um acordo com regras claras, a possibilidade de trocar livros entre si, mesmo sem emissão de documento fiscal. O que, por sua vez, implicava outra questão: para poderem participar efetivamente do PIDL e para o PIDL ter alguma abrangência, as editoras precisavam ter pontos de venda, livrarias próprias.

A dificuldade de criação e manutenção de livrarias é grande: primeiro por conta da concorrência das livrarias privadas estabelecidas no interior dos *campi*, que normalmente oferecem à universidade alguma contrapartida. Segundo porque uma livraria que apenas venda livros do PIDL, sem concorrer com as livrarias privadas, tem pouca circulação de público e portanto poucas vendas, uma vez que a maior parte dos livros utilizados na universidade são os didáticos, já testados, aprovados e publicados por editoras comerciais, com grande poder de distribuição, convencimento e barganha. E terceiro porque há custos na alocação de espaço, na sua adaptação, na sua manutenção física e na preparação e manutenção de recursos humanos.

O PIDL, mesmo assim, foi, durante muito tempo (e ainda é), um dos poucos – se não o único – canais de vendas externas das pequenas editoras que não têm estrutura para emitir documento fiscal, sendo, ao mesmo tempo, um estímulo à criação de livrarias próprias, por meio das quais pudessem realizar algum ganho com a venda direta de suas publicações e dos livros consignados pelas editoras universitárias de catálogo mais rico.

A questão do mercado e da distribuição, mesmo entre *campi* universitários e nos termos amigáveis do PIDL, sofre entretanto com a dimensão continental do Brasil. Por exemplo: um livro publicado numa universidade de Porto Alegre tem de percorrer cerca de 4000 km para chegar ao *campus* da Universidade Federal do Pará, 4200 km para chegar à Universidade Federal do Ceará e 4400 km para atingir o *campus* da Universidade Federal do Amazonas. Como despachar para tão longínquos destinos livros sem nota fiscal? E mesmo entre as que possuem nota, quantas se disporiam a pagar o custo do envio ou do retorno de livros em consignação?

Nesse quadro, para as universidades com *campus* grande ou situadas em região de significativa densidade demográfica, uma opção de negócios é a realização de feiras. A primeira editora que transformou a feira num evento regular, de grande importância para a distribuição do livro universitário, foi a Edusp – que criou a prática justamente para se livrar do enorme estoque acumulado enquanto era apenas uma coeditora. Iniciada apenas com livros próprios, a Festa do Livro logo se ampliou, acolheu editoras universitárias e comerciais de interesse universitário e se tornou um evento de dimensão nacional e de grande importância para estudantes, professores e público em geral.

Sua forma de funcionamento era simples: a Edusp nada cobrava dos expositores e arcava com os custos de uma infraestrutura mínima. Em troca, os editores convidados se obrigavam a vender seus livros comum desconto mínimo igual ao oferecido ao distribuidor, ou seja, 50%. Com um pequeno ajuste, que consistiu num rateio entre as editoras participantes para que dispusessem de melhores condições e recursos de infraestrutura durante a feira, o evento é até hoje um dos mais importantes no calendário editorial de São Paulo.

Para as editoras, é claro que interessa vender no varejo com 50% de desconto ou mesmo mais, porque recebem à vista e não em sessenta ou noventa dias. E também porque a venda na feira evita o custo de frete com material enviado e devolvido, bem como a inutilização de exemplares por conta de pequenas avarias de transporte. Por fim, uma feira de grandes dimensões é ainda uma boa ocasião para vender a preço de saldo livros com pequenos defeitos de produção ou danificados no transporte.

Com base no exemplo e no sucesso da Festa do Livro, foi criada em 2002 a Feira do Livro da Unicamp. No princípio, foi feita nos moldes da USP, permitindo a entrada de todas as editoras que interessassem aos cursos universitários. Por isso mesmo, nas duas primeiras edições, houve violenta oposição de livreiros e distribuidores de Campinas e região. Inclusive com registro de reclamação, junto à Reitoria, por parte de livrarias do Rio de Janeiro – pois a competição das editoras públicas com o mercado tem sempre pontos de grande tensão. A feira aberta a todas as editoras de interesse foi, entretanto, um sucesso, e a resistência dos livreiros foi afinal vencida. A Unicamp, porém, não dispunha de um lugar coberto e amplo, como o da USP, e portanto o custo para a Editora com a segurança e as instalações se mostrou muito alto. De modo que em breve a feira ficou sendo exclusivamente dos livros do catálogo, abrindo às demais editoras, universitárias ou não, a oportunidade de realizar eventos localizados no espaço em frente a uma das livrarias. Dessa forma, todos os anos havia, no Estado de São Paulo, duas grandes feiras de livros universitários, com venda direta ao público: a da USP e a da Unicamp. Já a partir de 2018, três, porque a Editora da Unesp finalmente aderiu à prática, realizando a sua primeira grande feira no *campus* da Barra Funda. Além das paulistas, outras editoras passaram a organizar, em outros Estados, o mesmo tipo de evento, dando algum fôlego às parceiras, que, com a regularidade de sua ocorrência, podem prever receitas e organizar orçamentos.

A publicação em formato digital, por outro lado, embora possa parecer a quem não é do meio uma solução para o difícil problema da distribuição, não parece uma saída razoável. Primeiro porque o custo da edição universitária de qualidade, que envolve um amplo trabalho de preparação e de revisão técnica, é alto no que diz respeito à fase anterior à impressão. Principalmente, é claro, no caso de livros traduzidos, que demandam, além da aquisição dos direitos, custos de tradução e revisões técnicas e linguísticas. Segundo porque, por conta da segmentação dos cursos e da variedade das perspectivas teóricas, as tiragens de livros especializados são normalmente pequenas e de lenta vendagem. O que faz com que a disponibilização de livros universitários em forma digital não seja viável comercialmente, pois implica um volume de vendas inconcebível neste momento no Brasil e dificilmente imaginável em curto prazo em língua portuguesa. De modo que, como demonstram os catálogos das grandes editoras universitárias brasileiras, parece mais razoável publicar ainda preferencialmente em forma física e apenas disponibilizar em forma eletrônica livros cuja reimpressão em escala não se justifique, ou para as quais não seja factível, por questões de custo e preço, a reimpressão sob demanda. De modo que, por enquanto, parece que o *e-book* tem pequeno papel comercial, sendo reservada essa forma de disponibilização, num esforço de difusão cultural e criação de público, ao conteúdo gratuito, como o faz, entre outras, a Editora da Unesp.

Se a edição puramente virtual não se justifica economicamente a não ser em poucos casos, é também evidente que uma editora com um bom catálogo não pode viver apenas de feiras, por mais rentáveis que possam ser. A solução, portanto, ainda parece ser o fortalecimento da venda em livrarias de um produto de qualidade distinta e preço competitivo, por não visar ao lucro, mas apenas ao retorno do investimento social.

Com o elevado custo da distribuição e com o crescente rareamento das livrarias físicas no Brasil, porém, parecem afirmar-se como solução mais adequada a médio prazo a ampliação e o fortalecimento da rede de livrarias instaladas nos *campi*, geridas e financiadas pelas universidades ou suas editoras. Sem essa solução, que demanda, além de planejamento, vontade política das administrações universitárias – pois as livrarias não se sustentam por si sós na maior parte dos *campi* e só se justificam plenamente se forem também espaço de convivência e de realização de eventos culturais (lançamentos, vendas especiais, exibições artísticas) –, dificilmente será possível prever um futuro promissor para as editoras menores e com catálogo de interesse mais amplo ainda em formação. A solução, porém, não é uma panaceia, pois é preciso considerar a acentuada sazonalidade das vendas de livros nos *campi*, uma vez que os meses de férias e os feriados prolongados são períodos de frequência e de vendas muito diminuídas.

O que se quer dizer, para ir logo ao ponto, é que no Brasil hoje dificilmente uma editora universitária – a não ser que faça um deliberado esforço de incorporação de um catálogo de mercado, afastando-se da sua especificidade – pode pretender sustentar-se sem substantivo apoio financeiro, direto ou indireto, da universidade a que pertence. Esse apoio pode ter várias formas: cessão de funcionários pagos pela universidade, realização a preço de custo ou abaixo do custo de serviços gráficos, assessoria jurídica, assistência legal para compras e contratos, cessão não onerosa de equipamentos e instalações físicas para abrigar a editora e principalmente o estoque – e, claro, injeção de recursos para fazer frente às despesas de produção de livros e às crises periódicas da economia e do mercado.

Ao mesmo tempo, na outra ponta do processo editorial, isto é, na captação de textos para publicar, o avanço da cultura digital criou um aparente complicador para as editoras acadêmicas, que é o fato de que, por determinação da Coordenação de Aperfeiçoamento de Pessoal de Nível Superior – Capes, do Ministério da Educação, todas as universidades brasileiras passaram a constituir bancos de dissertações e teses em formato PDF ou ePUB, para acesso gratuito[4]. Para alguns se elimina dessa maneira uma das funções mais tradicionais de uma editora universitária, que é transformar em livros – e assim disponibilizar para o público – as pesquisas de interesse maior realizadas para obtenção de grau acadêmico na própria ou em alheia instituição de ensino e de pesquisa. E já houve pelo menos uma editora importante, a da Unicamp, que em 2018 passou a descartar a publicação de teses – alegando justamente a sua disponibilidade eletrônica, o que me parece um grande equívoco como determinação geral e definitiva, pois, no mar de teses mensalmente defendidas no país, a publicação por uma editora de qualidade é um filtro, um ato de seleção e atribuição de valor. Sem mencionar que a editoração não é um processo neutro, mas uma intervenção que pode mesmo transfigurar o trabalho, como logo se verá.

Ainda no que diz respeito às especificidades do momento, é preciso considerar dois fatores: o mais importante do ponto de vista acadêmico é que nos últimos anos, no Brasil, a avaliação dos cursos de pós-graduação vem privilegiando em todas as áreas

---

[4] Trata-se da Portaria n. 013, de 15 de fevereiro de 2006, que não apenas obriga a disponibilização *on-line* de todas as teses e dissertações defendidas a partir do mês seguinte, mas ainda informa que, nas avaliações para classificação e subsídio dos programas, serão levados em conta não apenas "o volume e a qualidade das teses e dissertações publicadas", mas também a sua comprovada "acessibilidade e possibilidade de *download*". O documento oficial pode ser encontrado em: http://repositorio.unb.br/documentos/Portaria_N13_CAPES.pdf

os indicadores das áreas das ciências duras, isto é, a publicação de artigos em periódicos especializados. O livro, tradicional veículo de difusão de uma reflexão de longo prazo e essencial para o desenvolvimento das ciências humanas, durante certo tempo acabou por ser equiparado, para fins de avaliação, a um breve artigo, escrito sobre uma questão tópica, desde que publicado em periódico indexado e bem--avaliado[5]. O outro tem relevância comercial, mas não só: o acentuado desenvolvimento tecnológico não apenas transformou qualquer celular num *scanner* capaz de duplicar sem controle páginas e capítulos e qualquer computador num caminho de acesso a livros legal ou ilegalmente compartilhados, mas terminou também por influir na própria forma e no ritmo da leitura. De fato, moldada pelo computador, pelo *tablet* e pelo celular, a busca de informação já não supõe naturalmente, como há algumas décadas, a forma do livro, isto é, sua extensão e modo de apresentação sequenciada de argumentos – muito menos a do livro físico, no qual não há hipertexto, nem busca por palavras ou conceitos-chave.

Por fim, uma última discussão incômoda: em face das alterações no modo de produção e avaliação do conhecimento, e uma vez plenamente consolidada a pós-graduação no país e amplamente institucionalizada a instrução em nível de graduação, ainda mantém

---

5 Até 2012 esse foi o quadro: um livro, independentemente de sua qualidade, valia 100 pontos, um capítulo valia 25 e uma resenha sobre o mesmo livro publicada em periódico classificado como A1 valia o mesmo que o próprio livro: 100 pontos. Posteriormente, no quadriênio de 2013-2016, inovou-se com o Qualis Livro nas humanidades: os livros foram avaliados e pontuados de 0 a 400 pontos e os capítulos de 0 a 100. Houve muitos problemas nessa avaliação, justamente por conta da dificuldade de categorização dos livros, e permanece incerto se o Qualis Livros permanecerá e será aperfeiçoado ou se a Capes voltará a promover a homogeneização de critérios de indicadores de produção.

seu lugar de destaque e sua relevância estratégica a imprensa universitária brasileira, que foi tão importante ao longo do processo? De fato, parece que os fatores que levaram à multiplicação das editoras universitárias já não têm a mesma força – seja porque o ensino superior brasileiro se desenvolve de forma mais regular, sem grandes saltos, como nos anos de 1980, não criando assim grandes oscilações na demanda de livros acadêmicos; seja porque (e esse é um fato de grande relevância) o acesso a livros hoje, de qualquer lugar do país, é rápido e eficiente, por intermédio de livrarias, da Amazon, do *site* de livros usados Estante Virtual, e dos muitos *sites* que disponibilizam de graça ou a preço módico PDFs de livros ainda protegidos por direitos autorais.

Sendo assim, a questão que se impõe é esta: por que manter editoras universitárias, se elas aos poucos parecem perder funções tradicionais e além disso não produzem retorno financeiro e não são – bem pesados os custos operacionais "ocultos" – autossuficientes? A resposta tem mais urgência no âmbito das universidades públicas, principalmente num momento como este, no qual as verbas de custeio e investimento escasseiam e as administrações buscam todas as formas de cortar despesas, incluindo os gastos com pessoal.

Não é uma questão fácil de enfrentar, mas, ao que tudo indica, é tão ineludível quanto inadiável.

4. Editoras universitárias para quê?

A resposta a essa pergunta varia muito conforme o perfil da editora, do ponto de vista da sua vinculação: uma coisa é formular essa questão quando se trata de uma editora de universidade pública, outra, quando se trata de editora pertencente a universidade privada.

É que para as editoras de universidades privadas a principal questão que o setor público pode formular, assim como o mercado tem formulado, não se apresenta: ou seja, qual o sentido e qual a propriedade de destinar recursos públicos à atividade editorial no âmbito da universidade? Nesse sentido, embora produza livros para o mercado universitário, uma editora de universidade privada é, no final das contas, uma editora privada, sujeita à discrição e à conveniência do proprietário ou da instituição mantenedora.

De mais a mais, quando analisamos o panorama editorial brasileiro, é evidente que a contribuição realmente inovadora em termos de edição e de construção de catálogos de primeira linha se circunscreve ao círculo das editoras vinculadas a universidades públicas – mesmo que, na sua forma de atuação, sejam relativamente independentes da máquina estatal, como é o caso da editora da Unesp, que é uma fundação pública de direito privado. Isto é, uma fundação que não tem fins lucrativos, que é dirigida por um conselho curador em que o órgão público tem poder decisório e cujo patrimônio, em caso de dissolução, retorna à universidade.

A reação mais simplista é afirmar que uma editora universitária pública se justifica por ser um canal de difusão da produção da própria universidade. Ora, a pesquisa realizada nos níveis iniciais da carreira acadêmica, quais sejam, a iniciação científica e o mestrado, de modo geral ou não tem interesse para além da sua realização como etapa formativa, ou pode ser consultada em forma eletrônica. Já a produção vinculada à obtenção do doutorado ou posterior a ele, nas áreas de exatas e tecnológicas, sempre se difundiu por meio de periódicos especializados e indexados, preferencialmente em inglês. Apenas nas áreas das humanidades a forma tradicional de divulgação de pesquisa tem sido o livro. Mas justamente nessas áreas não parece difícil encontrar interesse de publicação dos trabalhos de mais impacto por editoras comerciais de primeira linha. Além disso, a pressão para uniformizar a avaliação da produção de pesquisa nas áreas de humanidades com a das áreas das ciências naturais tem sido tão forte, que é cada vez menor o número de livros concebidos desde o início como monografias – com exceção das monografias de fim de curso de mestrado e doutorado, que, por sua vez, são de imediato divulgadas em forma eletrônica.

Restariam, portanto, os livros didáticos produzidos pelo corpo docente da universidade, mas justamente neste campo é dificílima a competição de trabalhos de caráter geral, desenvolvidos localmente, com manuais elaborados por equipes de pesquisadores e testados e aperfeiçoados ao longo dos anos. E há um fator que não pode ser desprezado: uma editora universitária raramente consegue, por conta da sua própria forma de produção e distribuição, oferecer aos autores de bons livros didáticos de circulação ampla as mesmas condições que as editoras comerciais especializadas.

Por outro lado, é verdade que uma boa parte dos resultados da pesquisa acadêmica que demanda a forma de livro não desperta – ao menos no Brasil – o interesse das editoras de mercado, seja porque se destina apenas a um conjunto relativamente pequeno de especialistas, seja porque o assunto não esteja na moda ou não ocupe um lugar importante nas preocupações do presente. Mas, do ponto de vista da divulgação dos resultados da pesquisa, esse pequeno conjunto de obras não justificaria a constituição e a manutenção de uma editora: muito mais econômico e eficaz, do ponto de vista da difusão, seria, para a universidade, subvencionar de alguma forma a publicação de obras de seus pesquisadores por editoras comerciais ou – o que tem sido uma reivindicação e uma tendência nos últimos anos – disponibilizar gratuitamente à comunidade o fruto do trabalho de pesquisa por ela financiado com salários, instalações, equipamentos e custeio.

Não parece razoável, portanto, criar e manter uma editora tendo como finalidade principal divulgar a produção de pesquisa gerada na própria universidade – mesmo quando essa universidade se distingue pela pesquisa de ponta. Fosse esse o objetivo principal, já essa editora traria uma pesada marca de origem, pois a endogenia não é um bom caminho para a qualidade, e ter como objetivo principal abrigar a produção interna tem sido o caminho curto – principalmente nas universidades sem expressiva produção científica e cultural – para o rebaixamento do interesse e da respeitabilidade do catálogo.

Tanto é assim que uma análise rápida do catálogo das mais conceituadas editoras universitárias do Brasil – justamente aquelas cujas universidades se destacam no panorama internacional de pesquisa – permite verificar que, seja qual for a proporção de autores da casa nele representados, uma parte muito significativa dos seus títulos é constituída de livros produzidos por docentes e pesquisadores externos.

Na verdade, uma análise desses catálogos, por mais rápida que seja, permite dividir a produção em dois grandes blocos: livros originalmente escritos em português e livros traduzidos. E esses dois blocos se dividem por sua vez em três outros: livros de referência para a pesquisa nos vários campos do saber, livros que apresentam inovações significativas nas suas áreas de conhecimento e livros destinados à utilização em sala de aula, normalmente agrupados em coleções específicas e temáticas.

E aqui já se delineia uma boa razão para uma boa universidade possuir uma boa editora: sem prejuízo da publicação da pesquisa de qualidade realizada na instituição, as editoras das grandes universidades atuam de forma decisiva na composição de bibliotecas acadêmicas, por meio da publicação seletiva de trabalhos produzidos no país e do investimento na tradução de obras fundamentais para os cursos universitários de graduação e pós-graduação.

É certo que as editoras de mercado também se dedicam ao segmento acadêmico e publicam também esses três tipos de obras, inclusive com mais agilidade de produção e difusão. Mas aqui se delineia um segundo motivo para ter uma editora: o que distingue uma boa editora universitária de uma editora de mercado é que o argumento decisivo para a publicação de uma obra não é o retorno financeiro, mas sim o acadêmico, ou seja, o impacto da obra na consolidação, na expansão ou no aprimoramento de um determinado campo do saber. Assim, entre uma obra de qualidade inferior que promete retorno auspicioso do investimento e uma obra de qualidade superior que, na melhor hipótese, permite prever a recuperação do investimento ao longo de um período largo de tempo, não há dúvida sobre qual a escolha de uma boa editora universitária.

Por não visar ao retorno imediato, uma editora universitária pode contemplar de modo diferente a publicação de obras de um campo do saber já consolidado e de um campo do saber ainda em formação no país, assumindo os custos de fazer livros para leitores potenciais que só existirão a partir do momento em que um conjunto significativo de livros daquela área específica estiver disponível no mercado. Da mesma forma, uma editora acadêmica, apoiada em pareceres especializados, pode optar responsavelmente por investir numa obra ou numa série de obras que só a médio ou longo prazo produzirão resultados, seja do ponto de vista financeiro, seja do ponto de vista científico e cultural. Mais que isso: uma editora acadêmica não foge aos seus objetivos, nem trai os seus princípios (pelo contrário) se constatar que vários de seus títulos não produziram nenhum lucro, embora tenham contribuído para o aprimoramento do saber.

O diferencial da editora universitária se apresenta ainda com clareza quando se considera o seu catálogo de traduções. Um livro traduzido e bem revisado por um especialista implica investimento enorme, como todos sabemos. Primeiro, é preciso fazer um adiantamento ao editor estrangeiro, para obter a licença. Depois, é preciso investir na tradução propriamente dita, bem como na revisão técnica da tradução. Só depois desse investimento alto é que começa a segunda fase de produção, que corresponde à de um livro na língua do país: preparação, revisão, composição e impressão. Entre o pagamento do adiantamento e a comercialização do primeiro exemplar decorre tempo tanto mais longo quanto mais especializada e complexa for a obra a traduzir. Ora, no campo científico, são justamente as obras mais especializadas e mais complexas que dispõem de menor (mas não menos importante) público. De modo que, se as traduções de textos relevantes para o universo acadêmico se fizessem apenas segundo os critérios de mercado, as lacunas bibliográficas seriam maiores do que são hoje no Brasil. Além disso, há que considerar que a relação que se estabelece entre um autor-pesquisador e uma editora universitária é muito diferente da relação entre esse mesmo autor e uma editora de mercado: por não visar ao lucro e ter como objetivos a difusão do conhecimento e a produção de bibliografia, e por contar com um corpo de pareceristas de alto nível, uma editora universitária pode trabalhar a produção de um livro relevante de modo a ressaltar nele as qualidades de um modo que uma edição que visasse ao retorno do investimento dificilmente faria.

Tomemos um exemplo, para não ficar apenas no nível abstrato. Ou melhor, dois exemplos. O primeiro é o livro *A Erótica Japonesa na Pintura e na Escritura dos Séculos XVII a XIX*, de autoria de Madalena Natsuko Hashimoto Cordaro, publicado pela Edusp – depois de longo trabalho editorial – em 2017. Acompanhei muito de perto esse trabalho, porque em princípio seria uma coedição com a Editora da Unicamp. O livro é a edição de uma tese de livre-docência defendida em 2011, na própria USP. Como tese, tinha a aparência e a organização de um texto do gênero. Mas o material que trazia, a profusão de ilustrações nunca antes impressas no Brasil e provavelmente nunca reunidas em publicação acessível, perderia imensamente com uma edição plana, em tamanho pequeno e papel convencional. E, disponibilizada num *site* para *download*, certamente manteria interesse apenas pelo texto e pelos comentários analíticos. Quando a tese foi apresentada à Edusp, Plinio Martins Filho encaminhou-a para parecer de mérito, e o parecerista, entusiasmado embora com o material, fez várias sugestões de ajustamento do texto e também de organização da obra. E então entrou o trabalho do editor: definidos os dois volumes e a divisão das partes, o que avultou foi a qualidade do trabalho gráfico, com aproveitamento máximo das imagens em alta resolução e uma diagramação que permite que os volumes sejam percorridos como álbum de gravuras ou lidos, em busca da tradução dos textos japoneses e dos comentários especializados sobre eles e sobre as ilustrações. É claro que um livro desse porte e qualidade, se feito com vistas ao retorno do investimento, seria um problema. Mas aqui se mostra uma das vantagens da editora universitária: a capacidade de investir na qualidade do trabalho, sem a consideração imediata do lucro. E como a Fundação de Amparo à Pesquisa do Estado de São Paulo aprovou, dada a qualidade do material, um aporte financeiro na forma de auxílio à editora, foi possível contar, na bibliografia brasileira, com esse livro único.

Outro exemplo é a tradução de *Anatomia da Melancolia*, de Robert Burton, publicada em 2014 pela Editora da Universidade Federal do Paraná. A UFPR tem se destacado, no panorama nacional, no que diz respeito à tradução de obras literárias, tendo seus professores recebido seguidamente os mais prestigiosos prêmios na categoria[1]. Nada mais natural, portanto, que a editora dessa universidade abrisse espaço e realizasse os investimentos necessários à publicação de uma obra tão monumental quanto o tratado de Burton, em quatro volumes. E nada mais justo que o autor da tradução, Guilherme Gontijo Torres, reconhecesse o papel de uma boa editora universitária na realização do projeto. Diz ele:

> [...] penso que as editoras universitárias cumprem um papel fundamental para a cultura do livro no Brasil. Elas podem publicar obras que, até segunda ordem, não teriam apelo comercial, porque estão debruçadas sobre autores ainda pouco ou nada conhecidos. Por serem quase sempre tocadas por pesquisadores, as editoras universitárias também compreendem que a pesquisa e a tradução podem tomar muito tempo, se quisermos atingir um deter-

---

[1] A propósito, pode-se consultar matéria de Guilherme Voitch publicada na revista *Veja* em 15.12.2017, "UFPR se Transforma no Principal Polo da Tradução Brasileira".

minado nível num autor especificamente difícil. Mais que isso, elas compreendem que a tradução pode estar absolutamente entrelaçada com a pesquisa. Eu mesmo levei mais de três anos traduzindo a *Anatomia*, o que é um prazo que me permitiu não só traduzir, como pesquisar sobre Burton, entender melhor como o livro foi escrito para traduzir de acordo com esses problemas[2].

Temos aí claramente indicado um dos lugares privilegiados de atuação das editoras universitárias e uma das suas principais funções no sistema de ensino e pesquisa do Brasil. E é um lugar que, no final das contas, se define também pelo fato de que essas editoras não apenas são dirigidas por intelectuais e contam com as indicações e o controle de qualidade da comunidade dos pesquisadores e professores – que conhecem as lacunas existentes e emitem os pareceres de mérito e sugestões de adequação –, mas também estão dispensadas da urgência de obter resultados de vendas para distribuir dividendos entre sócios ou acionistas.

Por fim, outro ponto de destaque nos catálogos das editoras universitárias de primeira linha são os livros que consubstanciam uma experiência de sucesso no ensino e na formação de estudantes. São os livros para uso em sala de aula, tanto em cursos de graduação quanto de pós-graduação. Especial atenção merecem aqueles que, moldados pelas necessidades de faculdades de alto nível e de ponta no desenvolvimento de um campo do saber, não teriam acolhida em editoras de mercado, pois não se aplicariam indistintamente aos demais cursos universitários do país. Constituem eles, assim, não só um

---

[2] ABEU, *A Voz do Profissional*, 6.2.2018.

investimento na consolidação da experiência acumulada, mas também uma forma de permitir a inovação e a prática diferenciada que caracterizam uma boa instituição de ensino superior.

Como deve ter ficado evidente, ao refletir sobre a função e os fins da editora universitária no Brasil, a atenção ficou concentrada nas que desenvolvem um trabalho de excelência e relevância acadêmica. É que é nelas que se encontra a que parece ser a única razão convincente, a única justificativa para a manutenção de uma editora numa universidade pública. Ou seja, na sua atuação pautada pela comunidade acadêmica e na sua função cultural e científica é que encontramos a sua razão de ser, aquilo que as distingue das editoras de mercado e justifica sua existência. O que se quer dizer com isso é que as editoras universitárias devem ser vistas como integrando o fim maior da universidade, que é a produção do conhecimento e a formação de profissionais para a sociedade.

Portanto, se as universidades públicas no Brasil são gratuitas, se o custo de sua atividade formadora é considerado investimento social para desempenho de atividade-fim do Estado, se os cursos de graduação e pós-graduação, bem como as atividades de extensão comunitária, o atendimento à saúde, os museus, orquestras, rádio, TV, jornais e outros vários instrumentos de produção, conservação e difusão científica e cultural não se pensam nem se gerenciam tendo em vista a autossustentabilidade, por que essa demanda deve ser apresentada à editora universitária?

Não que a autossustentabilidade seja algo de menor importância ou indesejável. Pelo contrário. Mas o que importa ter em mente é que a expectativa ou a cobrança nesse sentido, ou a avaliação da editora universitária a partir de parâmetros de investimento e retorno do investimento, obscurece a verdadeira relação custo/benefício da atividade.

Nas melhores editoras universitárias brasileiras (em minha avaliação, é claro), o objetivo nunca foi o lucro, nem mesmo o custeio da atividade com recursos próprios. Foi, acima de tudo, a manutenção e a elevação do padrão de qualidade acadêmica. Daí que sempre tenham contado com conselhos editoriais, integrados por reconhecidos especialistas, inquestionados no seu campo de saber, e que se tenham valido de outros especialistas para avaliação *ad hoc* dos textos apresentados. E nisso se delineou uma característica essencial das boas editoras universitárias: elas se constituíram e foram reconhecidas como lugares de autoridade cultural e científica e de seleção segundo o mérito intelectual.

Por esse conjunto de razões, a editora universitária não precisa nem deve concorrer com o mercado. Como tampouco a universidade compete com a indústria ou a pesquisa nas corporações. Na verdade, assim como a indústria oferece formação específica e dirigida, e a universidade, formação básica e ampla, também as melhores e mais importantes editoras universitárias do Brasil têm sido as que se revelam mais firmemente centradas no oferecimento de produtos diferenciados, importantes não do ponto de vista da quantidade de leitores ou do retorno financeiro, mas da qualidade do público especializado e do investimento consequente em pesquisa básica.

Isso quer dizer que às editoras universitárias de primeira linha se reserva um lugar importante no sistema de trocas baseado no livro. E esse lugar insubstituível é, mais exatamente, não um lugar concorrente com as editoras de mercado, mas o lugar que elas ocupam e que ninguém mais ocupa no mercado editorial. Seu papel, do meu ponto de vista, é formar catálogos especializados, de retorno baixo ou mesmo nulo, mas de relevante impacto científico e educacional. Em resumo, seu lugar é o da autoridade intelectual. E é por isso que se justificam num mundo de produtos abundantes, de crescimento enorme na oferta de títulos. São como filtros: o que publicam e chega às prateleiras das livrarias vem com a marca da excelência acadêmica da universidade que as mantém e que o seu catálogo confirma.

É ainda relativamente fácil hoje, no Brasil, apesar da crise, pagar com verbas de origem vária a publicação de uma tese ou de uma coletânea de artigos numa editora qualquer. E algumas editoras de fato se especializaram em recolher essas verbas, publicando livros que não circulam e não passaram ou não passariam pelo crivo de especialistas. Mas numa editora como as que referi, o fato de o autor possuir recursos para publicar um livro não quer dizer nada: o decisivo é a avaliação criteriosa pelos pares. E o diferencial é a capacidade propriamente editorial de investir na obra os recursos que ela exige para sua melhor realização científica e estética.

Assim entendido o papel da editora universitária, a pergunta "editoras universitárias para quê?" tende a ser subsumida na pergunta "universidades públicas para quê?". E, enquanto for possível responder a esta última indagação, será possível encontrar, no bojo da resposta, um reflexo de luz para a primeira.

O preocupante, na maré obscurantista que vem recobrindo a política, a economia e a sociedade brasileiras – sacudida por violentos surtos de ódio à intelectualidade e aos serviços do Estado –, é que justamente a última pergunta tem sido formulada de modo cada vez mais agressivo e insistente, a partir de pontos de vista com variados graus de barbárie e insensatez. E mais preocupante ainda é o fato de que a parte aparentemente mais frágil da estrutura, e que por isso recebe mais imediatamente os ataques, são as humanidades. Se essas forças ganharem corpo, e se também ganharem peso ainda mais decisivo as formas de avaliação da produção acadêmica importadas das ciências da natureza, então é possível que daqui a poucos anos o período áureo das editoras universitárias brasileiras seja apenas história. Mas será sempre uma bela história, que merece ser recontada. E contada entre as boas coisas que a inteligência nacional foi capaz de produzir.

Referências bibliográficas

ABEU. *A Voz do Profissional*, 6.2.2018. Disponível em http://www.abeu.org.br/farol/abeu/Blog/abeu/a-voz-do-profissional/10720 Acesso em 19.4.2018.

AMORIM, Galeno (org.). *Políticas Públicas do Livro e da Leitura*. Brasília/São Paulo, Organização dos Estados Americanos/Cultura Acadêmica, 2006.

ANDRADE, Mário de. *A Enciclopédia Brasileira*. São Paulo, Edusp/Editora Giordano Ltda./Edições Loyola, 1993.

BARROSO, Maria Alice. "Instituto Nacional do Livro". *Revista Brasileira de Biblioteconomia e Documentação*, vol. 1, n. 1/3, 1973. Disponível em https://rbbd.febab.org.br/rbbd/article/view/803

BRAGANÇA, Aníbal. "As Políticas Públicas para o Livro e a Leitura no Brasil: O Instituto Nacional do Livro (1937-1967)". *MATRIZes*, ano 2, n. 2, primeiro semestre de 2009.

____. & ABREU, Márcia (orgs.). *Impresso no Brasil – Dois Séculos de Livros Brasileiros*. São Paulo, Editora Unesp, 2010.

BUFREM, Leilah Santiago. *Editoras Universitárias no Brasil – Uma Crítica para a Reformulação e a Prática*. 2. ed. rev. e ampl. São Paulo, Edusp, 2015.

BUZINARO, Claudiner. "O Papel da *Revista do Livro* no Sistema Político e Social Brasileiro". *Atas do XI Congresso Internacional da Abralic*, 2008. Disponível em http://www.abralic.org.br/eventos/cong2008/AnaisOnline/simposios/pdf/074/CLAUDINER_BUZINARO.pdf

CORRÊA, Anna Maria Martinez. "Institutos Isolados de Ensino Superior do Estado de São Paulo – Memória da Criação das Escolas que Vieram a Integrar a Unesp". 2016. Disponível em http://www.cedem.unesp.br/Home/Publicacoes/15_34.pdf Acesso em 14.4.2018.

CPDOC/FGV. "A Era Vargas". S.d. Disponível em http://cpdoc.fgv.br/producao/dossies/AEraVargas1/anos30-37/RadicalizacaoPolitica/UniversidadeDistritoFederal Acesso em 14.4.2018.

DEAECTO, Marisa Midori & MARTINS FILHO, Plinio (org.). *Livros e Universidades*. São Paulo, Com-Arte, 2017.

FERRARO, Alceu Ravanello. "Analfabetismo e Níveis de Letramento no Brasil: O que Dizem os Censos?" *Educação e Sociedade*, vol. 23, n. 81, dez. 2002. Disponível em http://dx.doi.org/10.1590/S0101-73302002008100003.

FERREIRA, Paula. "Brasil Ainda Tem 118 Milhões de Analfabetos, Segundo o IBGE". *O Globo*, 21.12.2017. Disponível em https://oglobo.globo.com/sociedade/educacao/brasil-ainda-tem-118-milhoes-de-analfabetos-segundo-ibge-22211755 Acesso em 14.4.2018.

GUEDES, Maria do Carmo & PEREIRA, Maria Eliza Mazzilli. "Editoras Universitárias – Uma Contribuição à Indústria ou à Artesania Cultural?". *São Paulo em Perspectiva*, vol. 14, n. 1, jan.-mar. 2000. Disponível em http://dx.doi.org/10.1590/S0102-88392000000100009

HALLEWELL, Laurence Hallewell. *O Livro no Brasil*. 3· ed. São Paulo, Edusp, 2012.

INEP/MEC. *Senso da Educação Superior 2016 – Notas Estatísticas*. Disponível em http://download.inep.gov.br/educacao_superior/censo_superior/documentos/2016/notas_sobre_o_censo_da_educacao_superior_2016.pdf

LACERDA, Sérgio. "O Livro, as Editoras e o Estado-Editor". *Boletim Informativo*, vol. 2, n. 3. Rio de Janeiro, Sindicato Nacional dos Editores de Livros, 1981.

LINDOSO, Felipe. *O Brasil Pode Ser um País de Leitores? – Política para a Cultura / Política para o Livro*. São Paulo, Summus, 2004.

MARTINS FILHO, Plinio & ROLLEMBERG, Marcelo. *Edusp – Um Projeto Editorial*. 2. ed. Cotia, SP, Ateliê Editorial, 2001.

MEC & CAPES. *Portaria 013, de 15 de fevereiro de 2006*. Disponível em http://repositorio.unb.br/documentos/Portaria_N13_CAPES.pdf

ORTIZ, Renato. *A Moderna Tradição Brasileira – Cultura Brasileira e Indústria Cultural*. 5. ed. São Paulo, Brasiliense, 1995.

REIMÃO, Sandra. *Mercado Editorial Brasileiro*. São Paulo, Com--Arte, 1996.

ROMANELLI, Otaíza de Oliveira. *História da Educação no Brasil (1930/1973)*. 8. ed. Petrópolis, Vozes, 1986.

SÁ, Laylla Gabriela Alencar de & MEDEIROS, Valéria da Silva. "Políticas Públicas de Leitura no Brasil no Período de 1964-1985". *Anais do I Simpósio de Linguística, Literatura e Ensino do Tocantins*, 2013. Disponível em http://www.uft.edu.br/SILLETO/anais/Laylla%20Gabriela%20Alencar%20de%20Sá%20e%20Valéria%20da%20Silva%20Medeiros.pdf

SNEL. *História*. S.d. Disponível em http://www.snel.org.br/institucional/historia/ Acesso em 14.4.2018.

TAVARES, Mariana Rodrigues. "Editando a Nação e Escrevendo sua História: O Instituto Nacional do Livro e as Disputas Editoriais entre 1937-1991". *Aedos*, n. 15, vol. 6, jul.-dez. 2014.

_____. "Uma Obra 'Universal' e Universitária – Breve Ensaio sobre a *Enciclopédia Brasileira* do Instituto Nacional do Livro e os Projetos da Década de 1950". *Revista Crítica de Ciências Sociais*, n. 111, dez. 2016.

_____. "Digressões Sobre o Gênero Enciclopédico – A *Enciclopédia Brasileira* em Meio às Transformações do Campo Científico da Década de 1950". *Mosaico*, vol. 8, n. 13, 2017. Disponível em http://dx.doi.org/10.12660/rm.v8n13.2017.70391.

Voitch, Guilherme. "ufpr se Transforma no Principal Polo da Tradução Brasileira". *Veja*, 15.12.2017. Disponível em https://veja.abril.com.br/blog/parana/ufpr-se-transforma-no-principal-polo-da-traducao-brasileira/

vv.aa. *Indicador de Alfabetismo Funcional – Inaf. Estudo Especial sobre Alfabetismo e Mundo do Trabalho*. São Paulo, Ação Educativa/Instituto Paulo Montenegro, 2016. Disponível em http://acaoeducativa.org.br/wp-content/uploads/2016/09/INAFEstudosEspeciais_2016_Letramento_e_Mundo_do_Trabalho.pdf Acesso em 14.4.2018.

II. EDITORAS DE UNIVERSIDADES PÚBLICAS
Plinio Martins Filho

1. Caminhos e desafios

O que é uma editora universitária pública? Quais são os seus objetivos e funções? Quais os problemas relacionados à sua criação e continuidade? Este texto procura responder a essas questões, a partir da experiência acumulada ao longo de meio século na edição e produção de livros em editoras de mercado e editoras públicas.

Embora trate dos problemas comuns às editoras universitárias, nosso foco recairá sobre as editoras de instituição pública, cujas especificidades são ainda maiores. Em primeiro lugar, porque uma editora universitária pública deve estar comprometida com a instituição que ela representa, com a produção acadêmica da universidade e com as tendências mais instigantes da produção cultural contemporânea. Tal editora também deve ser exemplo para a prática da arte de fazer livros e para o ofício da edição, abrindo suas portas aos alunos da editoração, do jornalismo e das letras.

Mais que fazer, a editora universitária deve estimular a experimentação e a inovação no campo editorial, provocando novas formas de produção, impressão e comercialização do livro. Precisa implantar ações que aprimorem o processo de seleção dos originais, a produção editorial e o projeto gráfico, além de estabelecer novas formas de relacionamento com os autores e diferentes estratégias de divulgação e distribuição. Em outras palavras, é primordial praticar todas as etapas pelas quais o livro passa até chegar ao leitor.

Atuar nessas frentes e preservar a qualidade de suas edições, em um mercado editorial competitivo e globalizado, é um dos aspectos mais interessantes do trabalho de uma editora universitária. Essa é uma das razões para ela estreitar o relacionamento com toda a comunidade acadêmica (docentes, alunos e servidores técnicos e administrativos). É preciso incentivar a comunidade acadêmica a pensar a produção de cada livro não só como objeto singular, mas também como depositário de mais de quinhentos anos de tradição. É neste particular que reside seu maior desafio: manter e renovar a tradição a cada livro publicado. Ao cumprir seu papel, ela ensina e aprende sobre o ofício e a arte de editar livros, formando novos pesquisadores e profissionais do livro.

O objetivo principal de uma editora universitária é mostrar à sociedade que é plenamente possível realizar um trabalho editorial de qualidade em uma instituição pública. Ao contrário do que pensam alguns detratores, a universidade pública e gratuita brasileira tem fôlego para se recriar e criar novos paradigmas, desde que haja um esforço para tal empreitada.

Sua história nos mostra isso. E este mesmo relato é um testemunho do que é possível sonhar e realizar quando se juntam interesse público, vontade política e investimento na capacitação profissional.

Um conceito

A atividade editorial universitária desenvolve-se a partir das atribuições do ensino superior e das funções que historicamente lhe são conferidas pela sociedade à qual serve, mesmo que esses propósitos sejam profundamente diferentes daqueles que animam a indústria editorial comum.

Uma das tarefas primordiais da universidade é estimular a difusão dos benefícios da cultura e do conhecimento que são produzidos dentro e fora de seus muros. Mas a execução desse trabalho requer a permanente adequação de suas concepções, mecanismos e procedimentos. E se essa tarefa for realizada de modo eficiente, a instituição estará cumprindo com seu objetivo de disseminação do conhecimento e da cultura, tanto em função do crescimento e da transformação acadêmica quanto em razão das demandas promovidas pelos destinatários dessas ações.

O crescimento do ensino superior nas últimas décadas tem provocado uma proliferação considerável da produção editorial, ampliando a diversidade temática e a quantidade de livros editados e exemplares impressos. No começo do processo, esses títulos eram quase sempre mal-editados devido à ausência de uma política editorial adequada e bem definida. Mas atualmente há um crescimento quantitativo e qualitativo na produção das editoras universitárias brasileiras. Se antes as editoras acadêmicas faziam parte da geleia geral de editoras que publicavam sem muito critério, hoje elas podem se equiparar às boas editoras comerciais, seja participando, em pé de igualdade, de bienais e feiras, seja obtendo premiações importantes, seja comercializando seus livros nas prateleiras de livrarias espalhadas por todo o país.

Se a ampliação e difusão dos benefícios da cultura resultava em programas editoriais que disseminavam a cultura universal e os conhecimentos funcionais à vida cotidiana da população, as condições atuais de produção universitária adquirem novo significado: colaborar para o desenvolvimento e divulgação das várias áreas do saber. Esta linha de atuação tem o potencial de gerar benefícios inestimáveis à sociedade.

Cabe realçar um detalhe fundamental: a universidade não é uma empresa editorial. Ela deve agir como uma instituição em que a atividade editorial é uma entre as diversas atividades que desempenha. Partindo desse princípio, a universidade não deve se dedicar, primordialmente, à busca de autores e lucros. Sua meta é promover o trabalho daqueles que integram a comunidade acadêmica. E as publicações universitárias estarão sempre sujeitas a avaliações e juízos que, favoráveis ou desfavoráveis, não apenas recairão sobre o autor, mas também sobre a própria instituição que avalizou a obra. Ou seja: o livro universitário deve representar a imagem institucional e o trabalho dos professores e pesquisadores de uma universidade, de tal forma que seu prestígio ou desprestígio reflitam as realizações dessa instituição.

A produção editorial universitária aprimora o conhecimento e a cultura, sem que haja excessiva preocupação com o aspecto eminentemente financeiro, que, em geral, rege as editoras comuns, mais submissas às condicionantes do mercado. Nesse aspecto, a editora universitária constitui patrimônio e obra coletiva. É por isso que a produção, a divulgação e a comercialização do livro universitário não dependem apenas de eficiente apresentação ou veiculação na mídia impressa e eletrônica. Embora não se negue a importância desses fatores, um eixo de atuação de uma editora universitária é colocar o livro ao alcance de seus leitores, destacando as qualidades de seu conteúdo. Ainda assim, as editoras universitárias incorporaram novas formas de comunicação e atualmente aceitam a relevância estratégica da mídia impressa e eletrônica, em particular das redes sociais, para divulgar suas atividades e publicações.

Pouco a pouco, as editoras universitárias têm se adequado a certas regras do mercado, sem se inserir plenamente nelas. Não é razoável considerar que elas se dediquem à produção de livros de apelo apenas comercial, pois, dessa forma, estariam se distanciando de seus propósitos elementares: a difusão do conhecimento e da cultura produzidos pela comunidade acadêmica.

Nas primeiras décadas de existência, as editoras universitárias erraram em um ponto crucial: não souberam seduzir e atrair os professores e pesquisadores para os quadros da editora – como autores, que fique bem claro, e não apenas como pareceristas. Mas elas vêm superando cada um dos obstáculos que travam seu desenvolvimento, abrindo as portas de sua casa aos docentes e pesquisadores, que atuam tecendo pareceres sobre os originais submetidos à editora e ao mesmo tempo submetem os resultados de suas pesquisas para serem divulgados e publicados. Agindo dessa forma, é possível avaliar se, de fato, cumprem o papel de formadores de opinião no ambiente universitário.

Outro ponto essencial nesse quadro diz respeito à formação do catálogo. A editora universitária não pode se restringir a selecionar as obras de seu corpo docente e discente. Ela tem ainda o dever de difundir as principais correntes e novidades do pensamento, das artes e da pesquisa. É justamente nesse quesito que reside uma das muitas tarefas primordiais da universidade: a de formação do aluno.

Três princípios básicos devem nortear a criação e manutenção de uma editora de universidade:

• O livro universitário deve ser instrumento indispensável para que a universidade cumpra seus fins de docência, pesquisa e difusão do conhecimento e da cultura.

• A melhor aceitação do livro universitário será obtida em função de seu conteúdo, de sua qualidade editorial e de sua ampla difusão.

• O livro deverá cumprir a missão de transmitir a cultura universal e disseminar a produção universitária nos setores da sociedade a que serve.

Além desse tripé, um outro objetivo não pode ser deixado de lado: divulgar e distribuir as publicações. Nesse caso, há dois aspectos a serem considerados: o preço dos livros ser acessível aos mais amplos segmentos da comunidade, e a renda obtida com a comercialização das publicações ser inteiramente reinvestida em novas edições, a fim de impulsionar a produção editorial e, consequentemente, elevar o prestígio da empresa. A isso se chama "renda industrial", que deve ser utilizada para impulsionar as editoras públicas. É preciso trocar o comodismo do orçamento pelo esforço de gerar os próprios recursos para o autofinanciamento de suas publicações.

Para esse projeto ser colocado em prática, é necessário redimensionar os canais de comunicação entre a editora e os diversos segmentos da comunidade universitária. Trata-se, basicamente, de fazer com que esses segmentos passem de consumidores, ou de funcionários passivos de repartição pública, alheios aos objetivos culturais da comunidade, a participantes ativos, envolvidos na tarefa que pode – e deve – ter grande alcance cultural. Apenas por esse caminho é que se pode constituir uma editora universitária de relevo, com plenas condições de estabelecer, em pé de igualdade, um diálogo promissor com as editoras universitárias da América Latina, da Europa, dos Estados Unidos e de outras localidades. Diálogo esse que criará as pontes para o trânsito de informações acerca das pesquisas e dos progressos obtidos nas diversas áreas do saber, que é o maior acervo das universidades.

Infraestrutura

Editoras universitárias costumam ser criadas a partir de boas ideias, geralmente com o propósito de sanar problemas específicos da instituição que representam. Mas a dificuldade posterior reside na manifestação de um projeto editorial autônomo. Detectar carências e tentar supri-las não é suficiente para caracterizar uma política editorial.

A falta de um projeto próprio quando da criação dessas editoras reforçam este argumento. Em geral pautavam seu trabalho editorial por coedições, acreditando que elas viabilizariam a edição de mais obras, ampliariam o mercado e a distribuição, barateariam o preço final do exemplar e permitiriam a edição de livros de valor cultural e científico de difícil comercialização. Essa política parecia extremamente alvissareira para as partes envolvidas, mas, na prática, as editoras funcionavam como agência de financiamento e sem direito autoral algum sobre as obras publicadas.

Algumas editoras universitárias públicas tinham como princípio a não obtenção de dividendos, às vezes assumindo a falta de interesse comercial. Funcionavam, portanto, como autarquia administrativa e financeira, justamente porque defendiam sua manutenção com os recursos da universidade ou oriundos de doações e subvenções. Elas se manteriam com um possível prejuízo de suas dotações, ou se permitiriam, até mesmo, publicar livros que resultariam em perda líquida e certa, sob a justificativa de que as obras lançadas eram coerentes com suas linhas editoriais.

Defendiam editar às custas da universidade, alegando que publicavam títulos de "real valor" e por vezes subvencionavam a publicidade de outras obras de "geral valor", em parceria com as editoras privadas, que assim obteriam segurança de que a edição de determinada obra não seria um fracasso econômico.

Partindo desse pressuposto, justificava-se a coedição como uma forma econômica de editar. Mas no processo se desconsiderava o fato de que as coedições desmobilizavam as editoras universitárias públicas para a consolidação de uma estrutura editorial, o que praticamente inviabilizava a realização de edições próprias. Mais que isso, uma política editorial pautada nas coedições resultava em editoras sem profissionais competentes, sem instalações adequadas, sem o mínimo indispensável ao bom funcionamento dos serviços de edição, distribuição e comercialização.

Uma editora não se faz apenas com vontade – essa é a verdade. Ao fundá-la, é preciso criar, também, toda a infraestrutura que viabilize seu funcionamento de acordo com a cadeia do livro, além de todos os departamentos: editorial, comercial e administrativo.

Por esse prisma, a maioria das editoras universitárias brasileiras não está adequada ao funcionamento editorial, pois a tarefa de fazer livros, em geral, não é contemplada na estrutura de uma casa publicadora pública. A ausência formal do setor editorial, indiscutivelmente o mais importante de todos, por ser o que dá personalidade à empresa, é uma lacuna que precisa ser corretamente preenchida. Os demais setores de uma editora são suportes que permitem a realização completa da vida do livro.

As editoras universitárias públicas brasileiras geralmente estão vinculadas à Reitoria da universidade, sendo dirigidas por um conselho deliberativo, por uma comissão editorial ou por fundações. O diretor da editora é nomeado pelo reitor, o que, em tese, pode ser mudado a cada nova gestão reitoral. Além disso, ele acumula funções políticas, administrativas e editoriais. Este é um ponto negativo, pois uma política editorial não se faz a curto prazo e a indicação política de um dirigente que não domine o *métier* pode causar sérios danos à imagem da instituição.

A comissão editorial funciona como órgão deliberativo do que deve ser publicado e tem como função:

• Selecionar as obras a serem publicadas.

• Examinar os pareceres dos assessores.

• Decidir acordos, convênios ou coedições.

• Decidir a participação da editora em feiras, congressos etc.

• Incentivar as publicações visando ao desenvolvimento do ensino e da pesquisa.

É automático pensarmos na figura do editor quando falamos de editora. Mas essa figura é substituída pela figura de um presidente ou diretor no caso das editoras universitárias públicas. O mínimo que se espera deste dirigente é que ele seja um profundo conhecedor do mundo editorial, e não apenas um docente que receba este cargo como compensação de apoios políticos/eleitorais. Afinal, o catálogo é o que caracteriza o perfil de uma editora e de sua política editorial.

Por isso é imprescindível estimular e preservar a qualidade das publicações e a participação intelectual da comunidade acadêmica. E para que essa tarefa seja plenamente realizável, é necessária a criação de setores ocupados por profissionais especializados (compra de direitos, editores, revisores, *designers*, divulgadores, vendedores etc.) e, paralelamente, elaborar um sólido planejamento e uma visão de longo prazo.

A criação de uma identidade

O catálogo é a identidade de uma editora. Mas esse catálogo precisa se solidificar mediante ações que visem construir o traço distintivo da editora. E isso ocorre por meio da padronização de suas coleções, de seus projetos gráficos e de uma boa marca.

A identidade de uma editora universitária é constituída pela personalidade, pela filosofia, pelo modelo de negócio, pela capacidade empreendedora, e pelos valores éticos e vocacionais da empresa.

Mas a identidade de uma editora não se forma instantaneamente. Para começar, é essencial que se crie um bom logotipo, tarefa complexa e por muitos subestimada. Ele deve seguir certos padrões contemporâneos de individualidade visual, o que corresponde a sua fácil identificação por meio de uma forma, símbolo, letra ou cor. Para que essa relação ocorra, é necessário pensar desde a idealização da marca até sua efetiva utilização, sempre tendo em vista as circunstâncias de aplicação. Trata-se de trabalho a ser desenvolvido por profissionais e não por amadores, como sugere muitos dos logos das editoras universitárias brasileiras.

Seja qual for o símbolo da marca (letra, signo, sílaba), é importante que ele induza o leitor a uma rápida apreensão de seu significado. É por esse motivo que deve haver uma estratégia que abarque as particularidades de sua implantação, as definições, normas e critérios para uma aplicação correta da imagem que se queira de suas publicações, além dos tratamentos gráficos adequados aos inúmeros suportes e diferentes campos de uso (convites, catálogos, *folders*, *releases* etc.). Só assim é possível garantir a criação e a permanência de uma identidade visual. Tais normas e critérios devem ser controlados rigorosamente pelo setor de arte do departamento editorial, área responsável pela produção e projeto gráfico das obras.

Além da marca usada nas publicações, é preciso criar e fixar uma identidade institucional, através de uma assinatura a ser usada em todas as situações necessárias à identificação oficial da editora: correspondências, comunicações internas, *releases*, relatórios, fachadas da editora e livrarias, se houver. Assinatura é coisa séria! Não pode ser recomposta nem redesenhada.

Mas não se deve consolidar a imagem da editora apenas do ponto de vista técnico. Também é imperativo construir sua imagem junto aos leitores. Mudar é fácil, difícil é apresentar essas mudanças e demonstrar que elas são perenes, fortalecendo a ideia a respeito de uma imagem da própria editora a ser reestruturada ou criada. É preciso divulgar a marca por todos os meios de comunicação disponíveis, utilizando, em primeiro lugar, a imprensa da própria universidade. Com essa atitude, pretende-se mostrar para a comunidade acadêmica que a editora soma esforços às atividades da universidade e ao mesmo tempo constrói seu próprio espaço, sem almejar concorrer com outros setores.

Todo o trabalho de criação e estabelecimento da imagem de uma editora universitária pública somente trará resultados se ela tiver uma preocupação ainda maior, que é a cristalização de uma imagem editorial.

Se o logotipo é a face da editora, os modos e as práticas editoriais são seu corpo e alma. Este corpo ganha contornos mais nítidos ao longo dos anos. O senso comum, nesse caso, é perfeitamente cabível: é difícil criar uma imagem editorial competente e eficiente, mas é muito fácil destruí-la por imprudência e imperícia.

2. Práticas editoriais

As atividades editoriais são praticamente as mesmas em qualquer editora. As soluções e os problemas são os mesmos, só mudam em particularidades, forma e tamanho de uma empresa para outra. É preciso ter isso bem claro quando se pensa em criar ou aprimorar uma editora universitária pública.

A maioria delas é criada sem levar em consideração uma estrutura básica para seu adequado funcionamento. Um curso na universidade precisa de espaço, além de recursos técnicos e humanos para seu pleno desempenho. Não existe curso sem professor, e não haverá editora sem dirigentes e profissionais capacitados.

A seguir, irei comentar as principais práticas de uma editora universitária, seja ela pública ou privada. Embora estas práticas tratem de assuntos técnicos, o conhecimento sobre elas é essencial para compreender a dinâmica e o funcionamento de uma editora acadêmica.

O quê e como selecionar?
Uma editora universitária deve optar, preferencialmente, por publicar, em primeiro lugar, trabalhos qualificados de seus docentes, mestrandos, doutorandos etc. e, em seguida, obras traduzidas que contribuam para o ensino e a pesquisa da graduação e da pós-graduação.

Partindo-se do pressuposto de que é impossível publicar todos os trabalhos submetidos ao crivo de uma editora, quais devem ser os critérios de seleção dos melhores trabalhos? Uma rigorosa seleção dos títulos deve ser feita por meio de pareceres de especialistas nos assuntos submetidos para avaliação.

A ideia de excelência pode sofrer oscilações a partir do posicionamento adotado pela comissão ou conselho editorial, cuja formação deve qualificar e representar as principais áreas de ensino e conhecimento da universidade. De todo modo, o critério de seleção deve se basear, sobretudo, no fator qualitativo. É nele que a comissão deve se ater ao avaliar a produção acadêmica da universidade e escolher as obras que irão enriquecer a bibliografia já existente.

Como as editoras acadêmicas geralmente estão vinculadas a uma instituição de ensino superior, na qual todas as áreas do saber são relevantes, é desaconselhável optar pela publicação apenas de uma área do conhecimento. O correto é avaliar o mérito e editar a produção acadêmica, seja de dissertação de mestrado, tese de doutorado ou de pós-doutorado. A meu ver, esta é função básica de uma editora universitária, já que o mercado raramente se interessa por trabalhos desse tipo, justamente por não serem livros de alta rentabilidade.

A editora deve ser proativa no desenvolvimento de novos parâmetros para as obras editadas. A título de exemplo, ela ultrapassa os objetivos tradicionais de uma editora ao fomentar a publicação de livros didáticos de qualidade para o ensino médio, os quais vêm conquistando espaço nas últimas décadas justamente por se tratar de livros voltados às distintas áreas do pensamento e à disposição de leitores nem sempre especializados. E somente deve editar obras literárias e artísticas que estiverem acompanhadas de aparato ou investigação acadêmica inovadora.

Não é possível impor que todos os autores entreguem seu trabalho na forma e nos critérios definidos pela editora. Creio que a tarefa de avaliação deve se restringir ao mérito do trabalho, enquanto sua transformação em livro fica sob os cuidados dos editores e revisores da editora. Autor não edita livros, autor escreve livros. Aqueles que defendem posição contrária talvez desejem uma editora sem editor.

É preciso muito cuidado e critério para se recusar a publicação de um original. Os professores da universidade se consideram, justificadamente, autores potenciais da editora. A recusa de um trabalho por critérios absolutamente técnicos – diferentemente dos usados por editoras privadas, que podem devolver um original lançando mão de critérios, por vezes, subjetivos – não é de fácil digestão para o professor preterido.

Se um parecer não for suficiente para a decisão da comissão editorial, pede-se um segundo. Se o autor recorrer exigindo novo parecer, usando como argumento a qualidade da obra, não sua titulação, pode-se pedir outra avaliação. Quando falo isso, quero realçar que a editora deve examinar o possível livro por seus méritos intrínsecos, e não pelo currículo do escritor.

Pode haver situações constrangedoras? Sim, como pedir um parecer de um original a alguém que já teve sua obra analisada e rejeitada pela editora. Ele pode recusar a dar um parecer e devolver o texto sem lê-lo, com o argumento de que, se ele não era um autor à altura da editora, também não seria um bom parecerista!

Essas situações fazem parte do processo de seleção de originais, e a editora deve ter muito cuidado. Convivemos com o ser humano e suas idiossincrasias.

Um parecer positivo, porém, não implica automaticamente a aprovação do original para publicação. Há certos detalhes a se considerar, como critérios financeiros, editoriais – a exemplo de ter obras em excesso sobre aquele assunto –, entre outros.

Com relação ao livro estrangeiro, apesar de já estar editado, segue-se o mesmo procedimento de avaliação, recorrendo-se a especialista e conhecedor da língua e do tema.

Direito autoral

Aprovada para edição, encaminha-se a obra para o setor de contratos. Numa editora pública, com projeto editorial definido, edições próprias e um perfil profissionalizado, a questão do direito autoral deve ser muito bem assessorada. É desejável que a editora tenha um departamento jurídico especializado. A demanda por esse setor é cada vez maior, uma vez que o trabalho de preparação e produção editorial somente pode ser realizado após a assinatura do contrato. É a partir do contrato assinado que se inicia o trabalho de tradução, ilustração, e autorizações de citações de textos e imagens.

A universidade tem o hábito de tratar os contratos de direitos autorais como qualquer um que envolva valores significativos e por profissionais que nem sempre conhecem as especificidades dessa área do Direito. E esse é o motivo pelo qual as editoras enfrentam numerosos problemas, sobretudo pelo fato de o direito autoral abarcar um conjunto de normas delicadas e complexas. Ele parte do justo princípio de que nenhuma propriedade é tão pessoal quanto os produtos da mente humana. E, claro, o autor merece receber um pagamento por isso.

É comum ouvir de autores acadêmicos a recusa em receber compensação financeira por seu trabalho. Creio que esta atitude não deve ser aceita pela editora. Assim como o trabalho do médico, do engenheiro, do arquiteto etc. tem seu valor, o trabalho intelectual também deve ser remunerado, dentro das regras do mercado. Não devemos publicar livros para ampliar o currículo, mas livros que contribuam para o enriquecimento do conhecimento e que possam chegar ao seu leitor potencial.

A lei do direito autoral assegura aos escritores e artistas o direito de propriedade sobre suas criações, garantindo-lhes um quinhão de todos os ganhos decorrentes de sua comercialização. A definição dessa cota depende do tipo de contrato estabelecido entre as partes interessadas.

O princípio basilar da titularidade do direito autoral determina que a obra pertence, em primeiro lugar, ao autor que a criou. E essa titularidade somente pode ser transferida, em definitivo, aos seus herdeiros.

Cumpre ressaltar que o direito autoral protege não apenas a obra, mas também o autor e seus direitos morais e patrimoniais, decorrentes de suas criações intelectuais nas áreas de literatura, música, artes e ciências. Os autores são os beneficiários da proteção que a lei confere a suas criações. Mas não custa lembrar que a lei protege a forma de expressão das ideias do autor, mas não as ideias em si mesmas. Nesse sentido, se alguém escrever um artigo sobre como editar bem um livro, o direito autoral recai sobre o texto, o que implica proteger o autor contra a reprodução e venda de cópias desse conteúdo sem o seu consentimento. Essas são as regras do jogo – se boas ou más, é outra história.

Já a duração do direito patrimonial do autor se estende durante todo o seu tempo de vida. Após sua morte, a continuidade desse direito varia conforme a legislação em vigor. A maioria das leis vigentes garante, ao menos, setenta anos de proteção. É este o período previsto, no Brasil, pela Lei dos Direitos Autorais, de 1998, a qual determina que os herdeiros legais do autor poderão usufruir por setenta anos dessa prerrogativa após sua morte.

A título de curiosidade, convém relatar a seguinte anedota: na Inglaterra, Merlin Holland, neto de Oscar Wilde, se valeu, durante bom tempo, do parentesco com o autor de *O Retrato de Dorian Gray* para lançar mão sobre os direitos de algumas obras do avô – mesmo elas fazendo parte de domínio público por terem sido publicadas após cem anos do falecimento de Wilde. Com isso, o neto pretendia forçar uma negociação com as editoras e, indiretamente, ganhar o dinheiro e a fama que não lhe pertenciam. Até as pedras sabem que fama e talento não são hereditários.

Copyright ©

Para garantir os direitos do autor e atestar que a editora está cumprindo com seus deveres legais, a indicação do *copyright*, internacionalmente aceita, é feita pela composição de três elementos: *1*. O símbolo © (a primeira letra da palavra *copyright* em um círculo); *2*. Ano da 1ª edição e do registro da obra; *3*. Nome do detentor do *copyright*. A indicação do *copyright* deve ser feita na página de créditos, no verso da página de rosto. Deve-se salientar que, em alguns países, a impressão do símbolo é uma condição obrigatória para que a obra obtenha e mantenha a proteção legal. O uso de um livro protegido só é lícito caso exista autorização prévia do detentor do *copyright*. Sua violação, por qualquer meio, equivale a um roubo – ou, pelo menos, a uma apropriação indébita – e pode ser punida da mesma maneira que qualquer outra violação de direitos.

Modelos de contrato

Todo direito autoral é garantido por meio de contratos e registros. O contrato de direitos autorais não é apenas conveniente, mas indispensável, pois define, objetivamente, a natureza do acordo. Assim, os termos do contrato orientam as pessoas envolvidas no processo de edição: o autor (ou herdeiros), o editor, o tradutor e o ilustrador. Mesmo que o autor diga que renuncia à remuneração, isso deve estar expresso em contrato. Trata-se de registrar um documento em que as partes envolvidas saibam exatamente o quinhão que lhe cabe na produção de um livro, evitando possíveis mal-entendidos ou distorções de negociação e prazos, e mesmo futuros problemas com os herdeiros.

Partindo-se da premissa de que os termos estabelecidos em contrato resguardam o direito autoral, é imprescindível que os autores tomem conhecimento de todas as cláusulas contratuais firmadas com a editora. Cabe enfatizar que não existe um contrato ideal, uma peça jurídica que satisfaça cem por cento as partes. No que diz respeito ao contrato editorial, a prática ensina que, para o autor, um contrato relativamente desfavorável com uma editora séria geralmente é preferível a um contrato impecável com uma editora sem escrúpulos.

Os contratos entre autores e editores variam de editora para editora, mas é possível citar três modelos de contrato habitualmente utilizados:

1. *Contrato de cessão definitiva dos direitos autorais, do copyright.* Esse modelo pode ser bastante desfavorável, tanto ao autor quanto ao editor. Se o livro for um fracasso de vendas, ninguém terá pena do editor, mas, se for um sucesso, o autor irá se queixar, afirmando que o editor o lesou. Hoje, é raro recorrer-se a esse tipo de contrato, apesar de ele ser facultado pela Lei dos Direitos Autorais.

2. *Contrato com sistema de porcentagem.* Esta é a melhor forma de contrato para uso corrente e é a usualmente adotada pelas editoras comerciais e universitárias. Nessa modalidade, autor e editor costumam negociar os valores da porcentagem, que variam em função do perfil da editora, do tipo e da qualidade de suas edições, da tiragem e do preço do livro. Há uma regra usual que estabelece o pagamento de 10% de direitos autorais para a 1ª edição. A remuneração de 10% é uma divisão justa de lucros caso o livro venda razoavelmente bem, pois, se ocorrer o inverso, o editor não terá lucro após o pagamento dos 10%. O cálculo para pagamento dos direitos autorais ao autor é feito sobre o preço de capa, isto é, sobre o preço de venda do livro ao consumidor.

3. *Contrato de comissão.* Este modelo de contrato é relativamente desconhecido, embora seja de uso corrente. Nele, o autor assume todas as responsabilidades pelas despesas de produção e divulgação do livro, tornando-se proprietário de todo o estoque. O editor, nesse caso, coloca sua editora a serviço do autor em troca de uma quantia fixa e de uma comissão sobre as vendas. Esse modelo de contrato é regularmente utilizado em pequenas editoras.

3. Preparação de texto

Por melhor e mais bonito que seja, nenhum projeto gráfico se sustenta se a parte textual não for bem cuidada. Com o contrato assinado e o original definitivo fornecido pelo autor, se inicia a fase mais importante da edição de texto: sua preparação. A preparação textual envolve a revisão de estilo, a revisão gramatical e ortográfica, a normalização, a marcação e outras operações que deixam o original em condições adequadas para a sua transformação em livro.

Para que esse estágio seja realizado de modo satisfatório, é recomendável que a editora elabore ou adote um manual de estilo para orientação dos revisores e preparadores de texto. O manual de estilo de cada editora não tem como objetivo ensinar o preparador ou revisor a escrever ou a reescrever o texto. Sua função é orientar a preparação dos originais a partir de critérios que imprimam unidade e coerência ao texto, conferindo-lhe uniformidade global através de padrões formadores, conformadores e até informadores do livro. Não se trata, portanto, de ensinar o revisor ou mesmo o autor como se deve escrever.

Assim que o texto é aprovado para edição, considera-se que o autor entregou um trabalho correto do ponto de vista informativo e gramatical. Mas não se pode esperar originais irretocáveis quanto ao uso sistemático de pontuação, acentuação, maiúscula, minúscula e outros realces gráficos (grifos, negritos etc.), citações, abreviaturas, bibliografia. Sempre há riscos de erros de digitação, cacofonias, uso incorreto de tempos verbais e redundâncias. É para normalizar esses aspectos técnicos que o trabalho do preparador de texto é essencial.

Antes de começar a revisão do texto, o editor responsável deve fazer uma leitura de avaliação do original, a fim de decidir o tipo de intervenção a ser feita e designar o profissional mais adequado à tarefa. Se o original a ser preparado for uma tradução, a revisão deve ser feita por um profissional que também domine o idioma do qual a obra foi traduzida. A tradução deve ser cotejada linha por linha. Já livros técnicos, científicos ou extremamente especializados devem ser revisados por um bom conhecedor do assunto abordado. Nesses casos, aconselha-se recorrer a docentes especializados no tema. A despeito desses modos de revisão, o grau de interferência do revisor depende do tipo de original que está trabalhando, e é praticamente impossível chegar-se a um consenso que fixe critérios universais de normalização e revisões.

Não são poucos aspectos que devem ser observados na edição de um original, mas essa tarefa não causa maiores problemas se houver o mínimo de bom senso. O editor, revisor ou o preparador de texto são as pessoas responsáveis pela unidade e coerência do texto final. Embora devam ser pessoas com ampla abrangência cultural, não podem pretender abarcar o mundo. Ao aceitar a contingência de se limitar a um certo campo de interesse – mas possuindo um excelente domínio do português, que, afinal, é seu instrumento de trabalho –, devem ampliar esse campo conhecendo o trabalho realizado por outras pessoas que possam ajudar nos problemas conexos, mas sem pretenderem ser editores ou preparadores de texto oniscientes. É desejável que esses profissionais tenham conhecimentos, mesmo que superficiais, de latim, de grego e das principais línguas modernas, como inglês, espanhol, francês e alemão.

Cumpre destacar que editor e revisor devem ter respeito pelo texto alheio. Não podem, portanto, reescrever o original, mesmo que não gostem do estilo do autor. Uma revisão estrutural do original somente pode ser realizada com a autorização expressa do criador do texto. E o revisor sempre deve agir partindo do seguinte princípio: nunca alterar um texto sem absoluta segurança do que se está fazendo. Esse profissional é um leitor privilegiado, na medida em que pode modificar e sugerir melhorias no texto. Ele tem obrigação de entender o que está lendo. Se o revisor, que é um leitor especial, não compreender certos trechos do livro, imaginem o leitor comum!

A interferência do revisor de texto, principalmente quando envolve a questão de estilo, deve ser proporcional à finalidade intrínseca de cada original. Sua tarefa principal é facilitar a vida do leitor, dando unidade, clareza e consistência não só às ideias, mas também aos elementos textuais que compõem o livro. E, para isso acontecer, o revisor tem de conhecer os princípios e as aplicações das técnicas editoriais.

Dessa forma, o original somente é encaminhado para a composição quando estiver devidamente corrigido, com todas as marcações, limpo e perfeitamente legível para o diagramador, evitando equívocos, irritações, atrasos e aumento de custos.

Os autores usualmente afirmam que seus originais não necessitam de revisão. Acreditar nisso seria uma ingenuidade imperdoável. Por mais famoso e talentoso que seja o autor – e por mais perfeito que pareça o original –, será sempre necessária uma preparação antes de o texto ser entregue à composição. Diga-se de passagem, ele faz suas interferências para corrigir erros ortográficos, padronizar o texto e fazer determinadas marcações no original. Ao corrigir ou fazer essas indicações, o preparador deve seguir sinais específicos de revisão de texto e ter noções de tipologia, para que os outros profissionais envolvidos na produção da obra compreendam perfeitamente as correções ou instruções assinaladas.

É evidente que todas as etapas de preparação de um livro exigem atenção, mas a revisão é a que impõe cuidado redobrado. E não é para menos. Um livro impresso com muitos erros, ou mesmo com erratas, depõe contra a editora e seus profissionais – além de representar um enorme prejuízo. Por esse motivo, é imprescindível que o revisor resolva todas as dúvidas com o autor ou com o tradutor antes de passar o livro para a próxima etapa.

Há uma certa dose de imprecisão ao identificar esse trabalho como revisão. O certo seria *revisões*. Trata-se, com efeito, de realizar ao menos duas revisões em um original – a de estilo e a de padronização. Prescindir delas é a causa de edições cheias de equívocos e erros. Mais que isso: é a demonstração empírica do velho ditado sobre o barato que sai caro.

Livros com dezenas de erros são imperdoáveis. E se é assim em uma editora comercial, imaginem o tamanho da cobrança quando essas falhas ocorrem na editora universitária.

Revisão de estilo é uma expressão incoerente, na medida em que o estilo é de ordem pessoal e intransponível a correções de qualquer ordem. Há até mesmo os autores que exigem a publicação de seus livros com erros ortográficos originais, justificando, para desespero do revisor, que "anjos os ditaram assim". A despeito dessas particularidades, a revisão de estilo é fundamental por atuar sobre dois fatores do texto: o fundo e a forma. O fundo – isto é, o sentido, a trama, os argumentos e tudo que compõe a textualidade – é a parte mais importante dessa operação. O revisor de estilo deve seguir fielmente o desenvolvimento do texto, seja ele literário, artístico ou científico, para que não haja erros ou contradições. Aliás, o autor deve desempenhar um papel importante na confecção do livro. É comum o escritor ficar à margem do processo editorial após a entrega do original, mas isso não deve ocorrer em uma editora universitária pública. O autor é a espinha dorsal do livro por ser a figura que apresenta as melhores condições para sanar as dúvidas surgidas durante a preparação textual, além de atuar na checagem das emendas solicitadas e na proposição de eventuais adequações dos projetos gráfico e editorial.

Entre as tantas regras que regem a função do revisor de estilo, algumas devem ser consideradas sagradas e repetidas como um mantra antes de iniciar cada trabalho: ter atenção cirúrgica, paciência bíblica, humildade franciscana e nunca, em tempo algum, corrigir por mero capricho – apenas por necessidade.

4. Projeto gráfico

Um planejamento gráfico-visual almeja comunicar uma informação de maneira clara. E o projeto gráfico é a transformação de ideias e conceitos em comunicação visual. Podemos encontrar rastros de desenho gráfico dois milênios antes de Cristo, a exemplo dos fenícios, que criaram um alfabeto para representar graficamente a linguagem oral. Mas o progressivo uso da palavra escrita deflagrou a necessidade de organização do material criado, o que possibilitou o aparecimento do desenho da página em colunas, para organizar e facilitar a transmissão do texto.

No âmbito do livro acadêmico, houve uma época em que editar era sinônimo de colocar a escrita em letra de fôrma. Se o trabalho em questão ficasse de pé, apresentando número de páginas e formato adequados, já podia ser chamado de livro. É duro constatar que parte expressiva das publicações universitárias ainda são editadas com base nessa concepção amadora a respeito da produção editorial.

Essa maneira de publicar o livro universitário faz com que o público leitor veja as edições como obras malfeitas e malcuidadas. A editora universitária deve editar suas obras científicas com apuro estético, mostrando que até mesmo temas áridos podem receber um tratamento estético que tornam o livro mais agradável.

O padrão de qualidade de uma editora pública apresenta perfil próprio. Deve obedecer a certos requisitos de transmissão do conhecimento, como a inserção de paratextos como prefácio, notas explicativas, aparato crítico situando a obra etc. É em virtude dessas características que o livro universitário deve se esmerar ainda mais em sua qualidade editorial e gráfica, facilitando o acesso do leitor – objetivo principal de qualquer edição e essencial para uma publicação acadêmica.

O livro deve ser projetado de modo a harmonizar todos os seus elementos internos e externos. A obra impressa de difícil leitura se converte em um produto sem sentido.

O projeto gráfico deve ser consistente em todas as suas partes, incluindo a capa e as pré-textuais. As páginas restantes devem ser concebidas segundo essa unidade de criação, de tal forma que a tipologia, o corpo, o entrelinhamento, as áreas impressas e os espaços brancos correspondam a uma unidade. O projeto gráfico precisa estar de acordo com certos requisitos da tipografia, tais como o sentido das formas impressas e a compreensão de sua natureza; a correta ordenação das letras em palavras, das palavras em linhas, das linhas em páginas e das páginas ocupadas por áreas que mantenham justa relação com as superfícies não impressas. O projeto gráfico não deve ser improvisado de caso para caso. Sua unidade é indispensável para favorecer uma visão global em que as partes correspondam ao todo.

Organizar os títulos em coleções pode ser uma boa estratégia para a identidade de uma editora universitária. Uma cuidadosa realização editorial e gráfica de temas pesquisados na universidade tem condições de formar coleções que estejam presentes na biblioteca de qualquer leitor atento ou exigente.

As coleções, independentemente do seu formato e dos títulos nelas abrangidos, devem atender à formação e informação cultural por meio de textos criteriosamente selecionados. Uma coleção não se concretiza apenas pela escolha de textos a serem publicados: é preciso planejamento cultural para sustentá-la. Planejamento esse que tem a obrigação de abarcar um projeto gráfico moderno, diferenciado e racional, idealizado, inclusive, de forma que um pequeno número de pessoas, depois de concebido o projeto, possa executar o processo de edição.

Uma editora com projeto editorial e gráfico bem formulado tem maiores possibilidades de êxito. É também por esse motivo que é vantajosa a publicação de coleções, tendo em vista que cada coleção tem o seu projeto previamente estabelecido. Assim que o texto chega ao departamento editorial para ser produzido, uma análise prévia indica em qual coleção ele deve ser incluído. Seguindo essas etapas, o processo de produção é mais rápido e eficaz, uma vez que dispensa contar com serviço de um *designer*, de um capista etc. a cada ivro. Em outras palavras, uma editora com um projeto gráfico planejado e estabelecido gasta menos tempo no processo de edição, o que resulta na diminuição dos custos do livro.

Para além desses aspectos, é importante sublinhar que um projeto gráfico para uma coleção ou uma obra envolve as dimensões estética e prática, tais como o aproveitamento de papel, de máquina e até mesmo da escolha dos materiais a serem utilizados. Alguns milímetros a mais ou a menos na definição do formato pode implicar sensível aumento de custos no preço final do livro, da mesma forma que a falta de determinado tipo de papel pode causar danos irreparáveis na produção da coleção. O projeto gráfico está para um livro assim como um projeto arquitetônico está para uma casa – é necessário que todas as diretrizes, padrões e conceitos estejam bem definidos antes de o trabalho ser colocado em prática.

5. Composição e revisão de provas

Aprovado o projeto gráfico, passa-se, primeiro, à composição do livro, e, em seguida, à revisão das primeiras provas compostas. Enquanto a composição trata da forma como o texto e os outros elementos são organizados e dispostos de maneira a otimizar a página e facilitar leitura, as provas devem ser lidas, cotejadas e conferidas com o original, para que sejam identificados os possíveis erros de digitação, saltos, omissões, repetições, interpretações erradas, trocas e transposições de letras, hifenização etc.

No que diz respeito ao trabalho de composição, e levando em conta que essa etapa é realizada por meio de editoração digital, a tarefa principal é organizar os elementos textuais e visuais das páginas. O diagramador é o profissional responsável por compor os arquivos, mesclando textos e imagens a partir das orientações do projeto. E o *software* mais utilizado por esses profissionais é o Adobe InDesign, justamente por se tratar de um programa que possibilita a construção do *layout* e a edição das páginas. Trata-se de uma ferramenta eletrônica que permite compor um material gráfico de um original que será posteriormente impresso ou usado em plataformas digitais.

Do revisor de provas espera-se uma sólida formação educacional, além de boa cultura geral e razoável conhecimentos técnicos de composição gráfica. Afinal, ele é figura central no processo de edição de qualquer material impresso. Mas o quesito obrigatório para cumprir essa função é ter o pleno domínio das normas tipográficas, ortográficas e gramaticais.

O revisor de provas é geralmente definido como o "encarregado de corrigir as provas". Essa definição é pobre e não faz jus ao seu trabalho. Seu papel é relevante e abrangente, já que abarca tanto a correção das provas quanto a verificação da composição. Esse trabalho avalia se o texto segue as normas vigentes na língua portuguesa e se está composto de acordo com a estética proposta pelo projeto gráfico, assegurando que o livro publicado apresente harmonia entre texto e programa visual. É por esse motivo que o revisor de provas tem o dever de conhecer a técnica de composição tão bem, ou até melhor, que o paginador.

Depois de revisada a primeira prova – e com todas as marcações das correções e as dúvidas assinaladas a lápis entregues à parte ao chefe da revisão ou ao autor para serem solucionadas –, o trabalho retorna à composição. Após a realização das emendas, tira-se a segunda prova, que é enviada à revisão para checar se o texto foi devidamente corrigido.

É um trabalho cansativo, mas necessário. Qualquer livro precisa, salvo raríssimas exceções, de pelo menos três provas, as quais devem ser executadas, preferencialmente, por revisores diferentes. A razão é simples: cada revisor tem aptidões e facilidades para encontrar determinados tipos de erro, e um profissional diferente revisando a segunda ou terceira prova ajuda a eliminar erros que, porventura, escaparam da primeira prova.

Apesar de a prova inaugural vir paginada – o que não acontecia nos velhos tempos da linotipia –, a versão definitiva deve sair a partir da segunda ou terceira prova. E como geralmente há longos períodos separando uma revisão de outra, as provas devem ser datadas e identificadas com o nome do revisor e o estágio da revisão. Como nem todas as páginas apresentam erros, é aconselhável que todas sejam lidas e rubricadas pelo revisor.

Todo cuidado é pouco para salvar uma obra de erros que podem se eternizar, comprometendo a editora e o livro posteriormente publicado. Afinal, por melhor que seja um revisor, ele é incapaz de encontrar todos os erros na primeira prova. Nem mesmo um revisor atilado e um original cuidadosamente preparado evitam as incorreções encontradas nas outras provas – isso é comum no processo de preparação de um livro.

6. Profissionalização: uma necessidade

As editoras universitárias brasileiras progrediram nas últimas décadas. Esse desenvolvimento tem ocorrido com o aval de instituições poderosas que são as próprias universidades. Sem o apoio explícito dos dirigentes (reitores), é impossível ter uma ascensão substantiva. E o crescimento de algumas editoras universitárias deve servir de alento e comemoração para o meio editorial.

Entretanto, por mais que as editoras universitárias não queiram – e não devam – competir com as editoras privadas e comerciais, a qualidade editorial e cultural das edições que vêm sendo produzidas, em níveis diferenciados do que se fazia há pouco tempo, acaba por exigir maior integração com o mercado, além de profissionalização dos quadros técnicos e de aperfeiçoamento de sua produção editorial.

É preciso acabar com os falsos purismos que exigem postura franciscana de uma editora pública, segundo os quais deve recusar qualquer tipo de rentabilidade, ainda que o recurso arrecadado tenha a finalidade de editar novos títulos. Não se trata de transformar editoras universitárias em entidades com fins lucrativos e comerciais. Tal postura feriria sua própria razão de ser e sua ligação umbilical com as instituições às quais estão ligadas. Elas devem, porém, estimular a participação da comunidade acadêmica e serem produtivas e autossustentáveis financeiramente. Suas ações não devem se restringir ao público interno das universidades, elas devem, portanto, pautar suas atividades, almejando atingir um público mais amplo, extramuros.

A progressiva necessidade de profissionalização, de renovação e de autonomia tende a impulsioná-las para um novo patamar, no qual o mercado pode reluzir como ouro e, ao mesmo tempo, assustar como o diabo. Mas o mercado, no final das contas, não é uma coisa nem outra. É apenas mercado, e ponto. A questão é não ver essa nova condição como uma tentação a ser evitada, mas sim como solução para os novos tempos. A editora universitária que não seguir parte das demandas atuais provavelmente não vai deixar de existir, mas certamente perderá espaço e prestígio.

Publicação, divulgação, comercialização, distribuição, reorganização funcional e estrutural são elementos para uma readequação das editoras universitárias. Se não fizerem essa restruturação, envelhecerão precoce e desnecessariamente. É hora de olhar adiante e avançar. Vejamos, a seguir, algumas sugestões sobre o que pode ser feito para dinamizar a editora universitária. São alternativas que se apresentam hoje, e que precisam ser analisadas não só pelos dirigentes e profissionais da editora, mas também pelas instâncias decisórias das universidades.

Qualificação profissional

As características administrativas e financeiras variam de editora para editora, dependendo do tipo de empresa (pública ou privada), da linha de publicação, do tamanho e da política administrativa. Mas seja qual for sua disposição, sempre haverá importantes conceitos de filosofia gerencial que orientam a organização de uma editora em setores.

Algumas administrações acreditam em forte centralização, argumentando que o maior volume de trabalho realizado por uma única pessoa é garantidor da eficiência e economia de toda a operação. Outras defendem que quanto maior a autonomia de um departamento ou setor – responsável por realizar uma série de serviços sob seus próprios cuidados –, melhor e mais produtivo será o seu desempenho. Há argumentos fortes e persuasivos para cada um desses pontos de vista, bem como exemplos de boa e eficiente administração em cada forma de organização, mas também há aspectos negativos a considerar nas duas alternativas.

O que diferencia o êxito ou o fracasso não é necessariamente a estrutura teórica empregada ou a filosofia defendida, mas a habilidade e o desempenho das pessoas na direção e no operacional. É sempre bom lembrar que as editoras universitárias, embora sempre vinculadas a uma universidade, devem funcionar como uma empresa. Sendo assim, e por atuarem no mercado, a contratação, quando possível, de pessoal bem qualificado ou de experientes prestadores de serviço é uma necessidade cada vez mais premente.

A ampliação e a modernização de uma editora envolve a contratação de editores, produtores, *designers* gráficos, diagramadores e revisores capacitados. O trabalho editorial, em grande parte, vem sendo feito por estagiários e pessoas com pouca bagagem profissional, mas o processo acaba sendo mais lento e dificultoso, o que não é recomendável num momento em que se exige cada vez mais profissionalismo e agilidade empresarial. A contratação de profissionais experientes, além de avançar e aprimorar a produção editorial, também pode estimular os estagiários da área em processo de formação.

Aqui reside um dos maiores problemas de uma editora universitária, um obstáculo que só será transposto com mudanças incisivas na forma de encarar a edição acadêmica e, principalmente, com vontade política. Pois uma editora de universidade pública tem muita dificuldade para contratar os melhores profissionais, já que o plano de carreira dos servidores técnicos e administrativos, em geral, não contempla a área editorial como um todo. Daí a necessidade de se repensar esse dispositivo, inclusive com salários que possam, pelo menos, aproximar-se aos valores vigentes no mercado, para que se tenha condições de oferecer uma proposta condizente com as que são oferecidas pelas editoras comerciais. Ter liberdade de negociação é essencial, mas hoje é ainda algo quimérico, e a verdade é que as conquistas obtidas até o presente momento foram feitas às custas de muito sacrifício pessoal de todos os profissionais das editoras universitárias. Chegou, porém, um tempo em que a instituição não pode mais depender apenas dos sacrifícios pessoais e da boa vontade de seus funcionários, por maior que ela seja. As editoras universitárias têm a missão de se profissionalizarem para consolidarem um crescimento sustentável, ou então passarão a correr sério risco de estagnação, ou mesmo extinção.

Diante da necessidade de pessoal especializado, há um aspecto a ser considerado. A editora universitária pública tem de representar, à altura, o universo do ensino e da pesquisa produzido na instituição da qual faz parte. Mas isso é quase impossível de ser feito sem a contratação de editores especializados nas principais áreas do conhecimento. Essa é uma exigência intelectual para avaliar a qualidade dos trabalhos apresentados e não correr o risco de perder bons títulos por falta de competência na avaliação técnica do assunto.

Do meu ponto de vista, utopicamente, a melhor infraestrutura para uma editora é aquela que prevê a existência de um editor executivo e, subordinados a ele, editores de áreas. De acordo com esse procedimento, o parecer dos especialistas ocorreria numa segunda etapa. Os editores de área fariam uma primeira seleção de obras a serem publicadas e esta seria confrontada com a dos especialistas convidados a emitir pareceres *ad hoc*. Estes poderiam fazer, inclusive, outra avaliação, mostrando se a obra teria ou não viabilidade editorial. Esse tipo de organização é adotado nas mais prestigiosas editoras acadêmicas em todo o mundo.

Talvez fosse mesmo o caso de realmente pensar na criação de editorias distintas – uma voltada para humanidades e outras duas para as exatas e as biológicas. Os responsáveis por essas editorias deveriam rastrear as melhores pesquisas realizadas na atualidade e trazê-las para suas respectivas áreas. Com essa atitude, a editora universitária deixaria de ser passiva quanto ao recebimento de originais e teria uma postura mais proativa no sentido de desenvolver novas formas de atuação.

A atividade editorial depende intimamente das pessoas envolvidas. A editora se desenvolve em compasso com o desempenho de seu corpo de funcionários, desde o presidente ou diretor até o auxiliar de expedição do depósito. O segredo de sucesso para a boa produção editorial é, fundamentalmente, recrutar quadros experientes e bem-formados: pessoas qualificadas para os postos de comando e execução, as quais atraem gente capacitada para os demais níveis, criando um ambiente de trabalho que permitirá o melhor desempenho da editora. É provável que uma empresa goze de breves períodos de triunfo mesmo quando ignora toda a orientação responsável a respeito desse tema, mas é improvável que uma editora sobreviva e prospere desprezando o fato essencial de que a qualidade e a eficácia de seu programa dependem da eficiência de sua equipe.

7. Divulgação: uma questão de imagem

Todo autor quer ver seu livro à venda e bem divulgado. Ele não escreve apenas pelo prazer pessoal de fazê-lo: quer ver seu trabalho exposto ao menos para que os leitores saibam de sua existência. Um livro só adquire vida quando chega às mãos do leitor, e, para que isso aconteça, deve ser realizado um eficiente trabalho de divulgação.

É necessário criar setores profissionais especializados para divulgação das obras publicadas, a fim de romper as fronteiras dos *campi*. Deve-se divulgar os novos títulos da editora para as universidades e leitores de todo o país. Apesar do nome pomposo de *marketing* editorial, o trabalho a ser realizado é pragmático e nem um pouco diferente das tarefas realizadas pelas editoras particulares nessa área: trata-se de editar catálogos com os títulos já publicados, elaborar *mailing lists* de professores, preparar *releases*, organizar lançamentos e debates sobre os livros publicados, além de enviar as obras para resenhistas de jornais, revistas, *blogs* e divulgadores de outras redes sociais, como os que atuam no YouTube, Instagram, TikTok, Facebook.

Criar espaços de promoção e discussão das edições a serem lançadas é uma ótima ideia. Uma livraria com auditório, por exemplo, é um lugar propício para organizar palestras, mesas-redondas e exposições, sempre tendo o livro como tema central.

Nos últimos anos tem havido um desenvolvimento significativo do setor de *marketing* das editoras de livros universitários, mas os resultados ainda são insuficientes se comparados ao crescimento de outros setores, como o editorial, responsável pela confecção e produção do livro. Aí, mais uma vez, o problema é de estrutura funcional. A divulgação da editora raramente trabalha com profissionais especializados e capazes na área, sejam jornalistas, profissionais de *marketing*, relações-públicas ou editoração. O habitual é contar com estagiários dedicados e curiosos e com pessoas bem-dispostas, mas não inteiramente preparadas para a função. E aqueles que conquistam certo destaque por seus trabalhos acabam saindo da editora devido a propostas mais interessantes.

É a mesma rotatividade que se encontra em outras áreas nos departamentos editoriais, o que impede a consolidação de um trabalho de longo prazo. Mesmo assim, os livros continuam a sair na imprensa, comprovando que o produto divulgado é de excelente qualidade. Mas não é dessa forma que funciona um setor de divulgação. É preciso recrutar profissionais experientes e com bom trânsito em jornais e revistas, especializados ou não, nos cadernos de cultura dos grandes jornais e nas redes sociais. Por mais importante que seja um livro, não se pode esperar que ele se divulgue sozinho – afinal, resenhistas da imprensa recebem pilhas de títulos todas as semanas. Por isso, o corpo a corpo é sempre recomendável – só um profissional com contatos e experiência na área consegue dar conta das exigências e dos questionamentos de jornalistas e divulgadores de redes sociais, cada qual preocupado com a dinâmica de seu veículo de comunicação. Profissionais com tais qualificações têm seus custos, razão pela qual reafirmo a necessidade de reestruturação funcional para contratação de profissionais compatíveis com a função e conhecedores das obras publicadas pela editora.

Esse problema reaparece quando o assunto passa a ser a promoção do livro. Promover uma obra significa colocar o catálogo da editora debaixo do braço e sair de livraria em livraria apresentando os títulos e indicando quais podem ser mais interessantes para determinado ponto de venda. Essa é uma das estratégias que as grandes editoras adotam para promover seus livros e obter retorno do investimento. Como já foi mencionado em relação à divulgação, o livro também não se promove sozinho. Ele pode se impor, mas vai precisar sempre de uma força extra, principalmente em um momento em que a disputa por fatias do mercado está cada vez mais acirrada. Se o comprador da livraria não conhece a obra, acaba optando pelo título de vendagem certa e garantida – normalmente um *best-seller* de uma editora particular.

Um livro que não é divulgado nem promovido é uma obra que praticamente não existe. Os advogados e juristas têm uma frase que sustenta essa tese: "O que não está nos autos, não está no mundo".

Readequando essa máxima para a atividade editorial, pode se dizer que o livro não divulgado é um livro que não está no mundo. E para uma obra estar no mundo, ela precisa, além de ser divulgada e promovida, ser distribuída e comercializada, e esse é ponto que irei explorar no próximo tópico.

8. Distribuição e comercialização

De pouco ou nada adianta ter um título bem selecionado, meticulosamente editado e esteticamente bem editado se não for encontrado nas livrarias, se não chegar ao leitor. O livro somente cumpre com seu objetivo se chegar ao leitor. É nesse particular que se atesta a relevância da divulgação e, paralelamente, da comercialização e distribuição. Essas duas etapas, que praticamente finalizam o processo de edição, são tão importantes como as anteriores e, em alguns casos, podem ser ainda até mais importantes. Se a divulgação for muito boa, mas a comercialização e a distribuição forem ineficazes, todo o trabalho poderá cair por terra, já que poucas coisas são mais frustrantes para um leitor do que sair à procura de um título – depois de ler a respeito de suas qualidades – e não o encontrar nas livrarias ou nas plataformas *e-commerce* de vendas *online*. A editora passa um recado de amadorismo e de ineficiência que será difícil de apagar.

Mesmo com o trabalho editorial bem feito, as editoras públicas ainda resistem a aperfeiçoar os mecanismos de comercialização e distribuição de seus títulos. Essa queixa é apontada por seus autores, colaboradores e leitores. Mesmo depois de vender milhares de exemplares, é frequente que as editoras recebam *e-mails*, mensagens em redes sociais, telefonemas e até mesmo cartas dos mais diferentes lugares do país dizendo que determinados títulos não são encontrados. Ou seja, a distribuição ainda é ineficiente. Uma estrutura administrativa ágil, flexível e eficaz pode equiparar a atuação das editoras universitárias ao trabalho realizado pelas editoras particulares.

Os obstáculos nessas áreas são comuns a todas as editoras universitárias. Há falhas tanto na parte estrutural quanto na administrativa. Diga-se de passagem, a distribuição ainda é o principal problema do livro no Brasil, a despeito do desenvolvimento dessa área nas últimas décadas. Com exceção das grandes editoras, as outras contratam os serviços de distribuidores para colocar seus livros à venda.

Os gargalos na distribuição e logística podem estrangular a comercialização do livro, em geral, e do livro acadêmico, em particular. Por não possuírem distribuidores próprios, as editoras recorrem ao serviço terceirizado de distribuição. Por se tratar de empresas especializadas, elas se dedicam exclusivamente ao seguinte serviço: colocação de livros no mercado livreiro, para que cheguem às mãos do consumidor. Por esse motivo, a contratação do distribuidor é um problema delicado. Se a escolha recair sobre uma distribuidora grande, a editora pequena corre o risco de ver seu produto não distribuído, pois o vendedor comissionado tem mais facilidade para distribuir um *best-seller* que um livro de ensaio no mercado. Mas se a escolha recair sobre uma distribuidora pequena, o livro não será bem distribuído, porque a empresa não terá estrutura suficiente para cobrir as centenas de livrarias espalhadas por todo o país.

O contrato de distribuição geralmente se baseia no seguinte esquema: ao lançar um título novo, a editora envia uma quantidade de exemplares em consignação ao distribuidor, com uma proposta de desconto variando de 50% a 60% e com prazo de sessenta a noventa dias para pagamento. A distribuidora, por sua vez, repassa os exemplares às livrarias com desconto de 30% a 40% e com trinta a sessenta dias para receber.

Para se livrar desse *modus operandi*, as editoras universitárias deveriam criar mecanismos de comercialização e distribuição direta de seus livros – mas, nesse caso, o problema da estrutura fechada volta à tona. Já foi dito, mas não custa repetir, que o comércio não faz parte das atribuições do Estado. Só que as editoras universitárias públicas comercializam seus livros até por uma questão óbvia de sobrevivência. A situação chega a ser surrealista: a editora faz livros e tem de vendê-los, mas não pode brigar diretamente nessa frente porque o Estado não tem, *a priori*, essa atribuição. Por outro lado, não há como mudar as leis do mercado – ou a editora universitária se molda a ele, ou conforma-se com sua condição deficitária, condição que a torna vulnerável aos críticos mais ácidos. É também por isso que é importante profissionalizar e reestruturar, a fim de alterar essa situação que beira o kafkiano: às vezes se tem a impressão de que a editora publica mais títulos do que deveria. Mas a verdade é que a distribuição e a comercialização são falhas, já que há um grande mercado para as obras acadêmicas.

Há muito a ser feito. Se a meta do *marketing* editorial é realizar uma série de ações para tornar o produto conhecido por seus clientes (leitores, bibliotecas, escolas, instituições, órgãos governamentais etc.), cabe às editoras examiná-la em profundidade. Elas também devem redefinir seus instrumentos de trabalho quanto à comercialização: representação de vendas, mídias impressas, redes sociais, propaganda e publicidade, mas sem deixar de lado os mercados internacionais, a venda de direitos e a organização de feiras promocionais, como a Festa do Livro promovida pela Edusp.

Pode-se afirmar que há dois tipos de consumidor de livros: um deles é o leitor viciado em livros, que compra regularmente, e o outro é o comprador ocasional, que gasta dinheiro com livros apenas esporadicamente. O leitor contumaz mantém seu hábito por vários motivos: necessidade profissional, interesse em se atualizar, curiosidade intelectual, distração ou passatempo. E o comprador ocasional é aquele que adquire determinado livro porque todos estão comentando sobre aquela obra que chama sua atenção por necessidade espiritual, profissional ou acadêmica. Há, ainda, a opção mais prosaica, que é a escolha de um livro como forma de presentear alguém.

As livrarias geralmente têm mais oferta para o segundo tipo de consumidor de livros. Para atender o cliente ocasional e menos exigente quanto aos títulos procurados, não se reivindica do livreiro ou do vendedor de livraria que possua conhecimentos aprofundados sobre livros ou que seja leitor assíduo: basta que siga as listas dos mais vendidos, fornecidas por jornais, revistas, plataformas *e-commerce* e *sites* que produzem jornalismo especializado sobre o mercado editorial. Mas para atender ao gosto dos leitores exigentes, que não apenas acompanham as resenhas na imprensa, como também se interessam por novidades de outras áreas e estão atentos aos títulos lançados e especializados, exige-se que o vendedor seja bem formado e informado, pleno conhecedor das nuances de seu ofício.

É nessa seara que reside a seguinte questão: se o Estado não pode comercializar, seria possível uma editora universitária pública ter livrarias que vendam seus livros? Isso já acontece com algumas. A concepção de um Estado impedido de comercializar os produtos gerados por seu incentivo direto é uma herança do Estado absolutamente burocrático e purista. A estrutura continua a mesma, mas a prática vem provocando a burocracia estatal. E se tem sido possível criar e manter novas práticas, outras soluções também poderão ser desenvolvidas.

Para que fique claro: é das vendas de seus títulos – em grande medida comercializados em suas próprias livrarias – que as editoras universitárias devem retirar fundos, na figura da renda industrial, para reinvestir em novas produções editoriais, e não ficar reclamando verbas e boa vontade dos dirigentes das instituições às quais estão ligadas

A criação de livrarias próprias permite melhora significativa na renda industrial, e isso se refletirá no crescimento da própria editora. Mas ainda há problemas a serem superados, como a formação de livreiros profissionais e a agilidade e logística na entrega de um livro encomendado. Nenhuma livraria, em qualquer parte do mundo, é obrigada a ter em estoque todos os livros editados. É impossível ter uma estrutura física que abrigue todas as obras dessa editora. Apesar disso, as livrarias devem ser ágeis para entregar o livro desejado pelo cliente. O acesso a internet permite que livreiros e leitores encomendem livros de forma ágil e prática, recebendo as obras adquiridas em pouquíssimos dias, o que inclui os livros comprados de outros países. Hoje, o leitor quer bom atendimento, eficiência, rapidez na entrega de seu pedido e, se possível, interlocução com o livreiro. Se não houver agilidade e canais de comunicação, se o leitor não encontrar o livro procurado em determinada livraria ou plataforma *e-commerce* – ou não for atendido com a eficiência esperada –, ele vai procurar o título em outro lugar. Para mudar essa conjuntura, seria imprescindível formular um plano de carreira, o qual estabeleça critérios de formação, treinamento e aperfeiçoamento recorrente dos vendedores, que estariam melhor preparados para realizar o ofício e se sentiriam profissionalmente valorizados. Há diversos cursos desse tipo que são oferecidos por entidades ligadas à área.

Esses aspectos devem ser cuidadosamente tratados por uma editora universitária pública. Se houver modernização e profissionalização das livrarias acadêmicas, as vendas se multiplicam – o que viabiliza o crescimento da editora. Esse trabalho com as livrarias físicas não prescinde do investimento em uma livraria virtual bem planejada, na medida em que esta se tornou um dos principais canais de compra dos leitores. Também é urgente aperfeiçoar, fomentar e replanejar os perfis da editora nas redes sociais, os quais atualmente funcionam como ferramentas de divulgação e promoção dos livros de seu catálogo. Mas para que tudo isso se torne realidade, é necessário ter foco administrativo e determinação política para implementar todas as mudanças sugeridas.

9. Política editorial e gestão

Uma editora não se faz com políticas de curto prazo, nem com constantes alterações de percurso. Ao olhar para trás, em uma rápida retrospectiva, podemos constatar que, em todo o seu tempo de existência, as principais crises vivenciadas pelas editoras públicas se deram justamente durante as mudanças de gestão, a cada troca de reitor, com o risco sempre presente de desfazer os acertos anteriores.

Toda editora universitária que merece esse nome deve ter rotina própria de trabalho, com base em um planejamento de publicações, em um projeto editorial bem elaborado e no investimento e manutenção de sua imagem. Não se pode trocar de política editorial a cada quatro anos, sob pena de inviabilizar a consolidação do que já foi conquistado e comprometer sua evolução. Algumas editoras têm conseguido evoluir, principalmente as que possuem profissionais da área de editoração dirigindo o departamento editorial durante anos a fio. Mas para ser forte o suficiente, uma instituição não pode depender de um ou alguns indivíduos. Ela deve possuir uma estrutura técnico-profissional adequada e permanente, que assegure, mesmo com troca de direção, as condições necessárias à execução de uma política editorial consistente.

Não se trata de defender uma administração personalista que imponha a seu bel-prazer uma determinada linha editorial. Em uma editora que representa a comunidade acadêmica de uma universidade pública – ao cumprir com suas publicações, ou com a função social complementar à que essa mesma comunidade desempenha nas atividades de ensino e pesquisa –, não há lugar para editores nos moldes das editoras privadas.

A política editorial de uma editora pública deve ser determinada por conselho ou comissão editorial competentes, compostos por docentes, pesquisadores e intelectuais renomados, e sua execução ficará a cargo de um grupo técnico que não pode ser alterado sempre que houver mudança de direção. A política editorial de uma verdadeira editora universitária, mesmo daquelas com prestígio, é passível de correções. Quando realizadas a partir de diagnóstico criterioso e sem destruir o que de positivo foi construído anteriormente, a mudança, mais do que bem-vinda, é essencial para a adaptação a novas realidades.

Para que isso se realize, é necessário refazer uma pergunta que foi respondida em outros momentos, pela própria trajetória de algumas editoras, e que agora se coloca mais uma vez, porém sob novas bases: que tipo de editora a universidade quer? O que está em jogo é qual o perfil de uma editora universitária.

Uma característica imprescindível é cobrir setores que comercialmente não têm grande apelo. Não se deve esquecer, entretanto, que é possível obter retorno financeiro com obras de alto nível cultural, o que pode realimentar a continuidade do processo. Está mais do que provado que existe público interessado em obras acadêmicas de qualidade. No bojo do crescimento do mercado editorial brasileiro, as editoras acadêmicas e outras editoras de primeira linha já demonstraram esse fato.

Mas a infraestrutura atual de uma editora pública, como já foi dito, é pouco sólida. A ausência de autonomia se reflete na dificuldade de realizar planejamentos de longo prazo e de gerenciar economicamente suas ações. Os processos cotidianos de produção editorial, internos e externos, desde a editoração até a comercialização, exigem agilidade na tomada de decisões e na contratação de serviços que sua estrutura não comporta. Além disso, uma editora moderna exige profissionais com experiência nem sempre previstos nem contemplados pelo atual quadro de funcionários da universidade – e este é outro dos principais obstáculos ao desenvolvimento das editoras universitárias. Constata-se, portanto, que esses desafios nos obrigam a um esforço diário para contornar problemas causadores de enorme desperdício de produtividade.

Não custa reafirmar que uma editora universitária deve primar por uma linha de atuação capaz de representar sua instituição de ensino ao difundir o conhecimento por meio de suas publicações, com vistas a atender a comunidade acadêmica nacional e internacional.

E a melhor maneira de colocar essa vocação em prática é definindo a posição relativa de cada uma das instâncias decisórias de uma editora universitária pública. Em outras palavras, é recomendável estabelecer o papel de cada um dos responsáveis por conduzir a política editorial: as atribuições da comissão editorial – prioritariamente compromissada em definir os títulos a serem publicados –, e o trabalho da diretoria executiva como timoneira da política da editora e gestora das questões administrativas, o que abarca desde aspectos da produção editorial e gráfica, até a conformação de estratégias de divulgação, comercialização e distribuição de suas edições.

Não é por acaso que existe um *know-how* sobre a arte de editar livros e como colocá-los no mercado, o que exige um trabalho realizado por profissionais adequados. A profissionalização é a única via possível para a editora sobreviver como instituição, sejam quais forem as mudanças de direção, ou, mais do que isso, apoiando-as para que não se perca a continuidade do trabalho editorial. Esse modelo atende tanto aos propósitos de uma editora acadêmica quanto à necessidade de sua eficiência produtiva.

O correto enquadramento do estatuto jurídico das editoras universitárias públicas é essencial para o crescimento e aprimoramento de suas produções editoriais. O enquadramento como pessoa jurídica de direito privado, sem fins lucrativos, como as Organizações da Sociedade Civil de Interesse Público (estabelecido na Lei 9.790, de 23 de março de 1999) pode ser um formato institucional mais adequado para dar-lhes autonomia, garantindo que elas mantenham e desenvolvam suas edições. As diretrizes gerais continuariam definidas pelas instâncias decisórias da universidade, mas as editoras poderiam implementar seu programa editorial com mais eficácia.

Há editoras que funcionam sob um regime de fundação própria, apesar de a conveniência desse regime não ser uma unanimidade. Do ponto de vista institucional, recomenda-se um modelo que mantenha a editora vinculada à universidade, mas com autonomia administrativa para cuidar, tão somente, do fundamental de uma editora. Desse modo, a editora continuaria vinculada à instituição, mas com autonomia para trilhar seu caminho – com um bom conselho editorial, um bom dirigente, conhecedor de seu ofício, e excelentes profissionais e editores de área.

É necessário criar uma entidade ligada a um moderno modelo de parceria, com o objetivo de aperfeiçoar o desempenho das editoras universitárias. Este modelo aproxima-se da figura jurídica da sociedade civil, sem fins lucrativos, cuja finalidade é promover as publicações de interesse da universidade, de forma ágil e eficiente. Essa estrutura organizacional permitiria que a editora, além de se encarregar da produção, distribuição e comercialização das suas próprias publicações, também pudesse funcionar como um centro editorial de distribuição e comercialização da produção editorial das demais unidades da universidade. Eventualmente se poderia, inclusive, pensar na prestação de uma assessoria editorial (no sentido do aprimoramento técnico das publicações) à produção dessas unidades, com os resultados revertidos em favor de toda a universidade. Esse modelo asseguraria a existência de uma personalidade jurídica própria, sob o controle da universidade, pela forma que vier a ser estabelecida no respectivo estatuto.

Sob o possível enquadramento como fundação, sociedade civil ou ainda outra figura jurídica semelhante que se queira dar – pensemos, inicialmente, em "entidade civil" –, a editora se manteria às próprias custas e, eventualmente, colaboraria com a universidade. É dessa maneira que funcionam as grandes editoras universitárias internacionais, como a Cambridge University Press (CUP), uma das mais antigas e prestigiosas editoras acadêmicas do mundo. A CUP é um departamento da Universidade de Cambridge e é dirigida pelo Syndicate of the Press, um comitê composto de dezoito professores *seniors* e presidido pelo decano da universidade. O estatuto da editora define suas funções e atribuições, as quais envolvem a publicação e distribuição de livros e de outros materiais educacionais, além de revistas e bíblias. Por esse estatuto, a Cambridge University Press não pode publicar obras de ficção, sejam elas quais forem.

O mecanismo pelo qual o Syndicate controla a editora dá-se por reuniões quinzenais, durante o período letivo, e mensais, durante as férias. No total, são cerca de vinte reuniões anuais, nas quais os editores de área apresentam todas as propostas de publicação ao comitê para a possível aprovação. E os editores de área trabalham bastante: cerca de 60% dos livros publicados pela CUP são indicados ou sugeridos por esses profissionais. O restante é escolhido entre as propostas apresentadas diretamente pelos autores, que não precisam ser necessariamente vinculados à Universidade de Cambridge.

As finanças e as operações da editora são administradas pelo seu corpo de diretores executivos, que prestam contas ao Syndicate. Em casos excepcionais, o Council of the State (o Conselho Universitário Local) pode dissolver o Syndicate e convocar novas eleições. Assim, a editora tem uma relação muito próxima com a universidade, embora funcione de maneira mais independente do que outros departamentos, uma vez que sua atividade é diferente.

Um dado que não pode passar despercebido quanto ao funcionamento da Cambridge University Press diz respeito ao aspecto financeiro: todo livro publicado deve obter um retorno financeiro (algo em torno de 4%, bem longe dos 15% almejados pelas editoras comerciais). Os títulos não são subsidiados pela universidade. Pelo contrário, sugere-se que a editora faça doações esporádicas a ela. Em 1999, a CUP doou vinte milhões de libras para a universidade. Essas informações merecem ser levadas em conta no contexto da criação ou reformulação de nossas editoras universitárias públicas, apesar de não podermos perder de vista o fato de a CUP ter mais de cinco séculos de existência, enquanto nós mal passamos dos sessenta anos de idade, da mesma forma que devemos considerar as disparidades entre a Inglaterra e o Brasil. Mas a exitosa experiência de uma influente editora universitária deve servir de reflexão para os novos caminhos a serem traçados pelas editoras acadêmicas brasileiras.

Há um fator que não deve ser perdido de vista, quando se reflete sobre autonomia das editoras e divulgação de seu catálogo: as livrarias. Já foi observado que as livrarias das editoras universitárias têm enorme potencial de crescimento, assim como também ajudam a promover a marca da editora. Para melhorar a eficiência de suas livrarias, é aconselhável ter, como todas as universidades de porte, uma grande livraria central e várias distribuídas por seus *campi*.

Uma ideia interessante seria criar uma espécie de *franchising* das livrarias, difundindo o nome da editora em várias instituições de ensino superior de cidades brasileiras, por meio do licenciamento – devidamente monitorado – da marca da universidade ou da editora. Embora seja o modelo empregado pelas editoras universitárias americanas e inglesas, ele me parece inviável na atual estrutura das editoras universitárias públicas do Brasil.

10. O futuro

Esperamos que tenha ficado clara a relevância de criar e organizar a editora composta por funcionários altamente qualificados, de modo que as mudanças políticas da universidade não interrompam o pleno funcionamento e reconhecimento de sua editora.

Isso não deve ser uma discussão ideológica, por mais que mobilize defensores e opositores. O que define uma editora é seu catálogo, os títulos que ela publica e a qualidade editorial como são produzidos. É desejável ter uma política de seleção de títulos com a participação da comunidade acadêmica, mas os processos editoriais são rotinas técnicas e devem ser executados por profissionais da área.

Quando se fala em viabilidade econômica, muitos entendem que se trata de uma visão comercial e antiacadêmica, mas esse argumento não se sustenta. Os títulos que a editora universitária publica devem integrar as várias áreas de atuação da universidade, mas é preciso pensar na subsistência da editora sem depender de verbas públicas, sem que isso signifique que se está privatizando a universidade. A questão é meramente profissional. Uma editora universitária, com bons títulos em catálogo, com penetração e prestígio perante a sociedade e o público leitor, precisa se desenvolver de maneira consequente, sem pretender modificar as leis do mercado editorial, mas procurando – na medida do possível e mantendo os interesses de uma instituição pública – adaptar-se a elas. Nesse sentido, e para garantir um regime de autossuficiência econômica, a editora deve ter um fundo editorial permanente, construído por obras clássicas e de referência, de vendagem contínua, as quais viabilizam a publicação de títulos com menor saída, mas não menos importantes.

Tudo o que foi sugerido até aqui diz respeito a possibilidades e perspectivas que facilitem o ingresso das editoras universitárias em uma nova fase, cujas atuações sejam compatíveis com a realidade do universo editorial. Não é uma tarefa trivial, mas tampouco é impossível de ser realizada. Uma editora que souber se reinventar, em curto espaço de tempo, conquistará o respeito e a admiração de leitores, e não poderá se intimidar diante de novos desafios. Deve encará-los para consolidar a sua posição e seu projeto acadêmico- -editorial. Os principais passos foram dados. E os seguintes certamente estão sendo ensaiados, sempre tendo em mente a excelência da universidade pública.

A editora universitária pública é um instrumento decisivo para a efetivação dos valores acadêmicos. Embora não deva se colocar à margem do mercado, ela não deve, por outro lado, ser submissa às suas condições. O mercado poder ser pautado por oscilações da conjuntura e do modismo, intensificado pelas tecnologias de informações instantâneas e cada vez mais efêmeras. Já o livro é um patrimônio com valor próprio e que não deve ser determinado por critérios que dependam exclusivamente de seu valor mercantil. Por isso, embora a comercialização do livro acadêmico seja necessária, ela não deve ocupar o centro de atenção de uma editora pública, nem se limitar às formas usuais de circulação e venda de seus livros. Muito mais importante, para uma editora pública, é colocar o livro ao alcance de seus destinatários específicos, ou seja, o público universitário.

Esse problema é bem mais complexo do que pode parecer. A natureza e a diversidade dos temas de nossas publicações condicionam uma demanda muito localizada e dificultam a entrada de nossos títulos nas livrarias comerciais, por ser – assim chamado – um produto de pouca rotatividade, ou seja, sua comercialização geralmente é de baixa rentabilidade. Daí que a realização de feiras e eventos realizados nas universidades seja uma forma efetiva de difusão e comercialização do livro, embora isso possa ser visto pelo mercado como uma infração as regras do jogo, uma vez que se promove aí a venda direta, com desconto significativo ao destinatário final, o estudante ou professor.

Quando a Edusp começou a promover a Festa do Livro da USP, em 1999, reunindo durante três dias as editoras universitárias públicas e privadas, vendendo seus livros com 50% de desconto –, esse fato repercutiu no mercado de tal forma que alguns livreiros ameaçaram impedir a entrada de seus livros em suas livrarias, alegando queda nas vendas. Curiosamente, durante os dias do evento, as livrarias da Edusp não venderam menos do que nos dias normais.

Hoje, a Festa do Livro é o melhor evento do livro no Brasil. Durante alguns dias, alunos, funcionários, professores e o público em geral têm acesso a milhares de livros nem sempre disponíveis nas livrarias e no mercado convencional.

A Festa do Livro da USP cumpre, assim, a mais completa missão intelectual e social, unindo editores e leitores, fazendo circular livros e ideias. Em cinco dias, o número de livros vendidos por editora participante é maior do que em dez dias em uma Bienal.

Esse tipo de iniciativa faz com que a universidade exerça sua condição de formadora cultural, para além de ter um efeito adicional de regulação do mercado do livro, beneficiando os leitores.

As editoras universitárias devem empenhar-se para produzir cada vez mais livros de qualidade para a comunidade universitária e mesmo para o público em geral. Com essa atitude, elas fogem do que se chama de "ditadura do mercado", em que apenas os livros com retorno financeiro garantido são editados. A realização dessas tarefas tem potencial para formar integralmente as pessoas, já que todo livro só se constitui instrumento de cultura se chegar ao leitor e for lido.

O livro é um bem material e simbólico criado por muitas pessoas, e que tem destinação geral e muito além do tempo da sua produção. Quando as pessoas envolvidas na sua produção trabalham em harmonia e em total consonância com a noção de qualidade, atentas ao fim maior da educação pública, os resultados são certamente exitosos e prazerosos para todos os colaboradores e funcionários que integram a equipe de uma editora universitária pública.

O momento, espero ter ficado claro ao longo desta exposição, exige uma reformulação das editoras de universidade pública, dotando-as de mais eficiência, profissionalização e inserção no mercado. Uma reformulação que não as afaste da missão e do papel que têm cumprido satisfatoriamente até hoje. Muito mais que fábricas de livros, as editoras universitárias se consolidaram como lugares de afirmação dos valores acadêmicos, como organismos dedicados à difusão e à conservação da cultura universitária no Brasil.

Referências bibliográficas

Araújo, Emanuel. *A Construção do Livro. Princípio da Técnica de Editoração*. 2. ed. rev. e amp. Rio de Janeiro, Lexikon, 2008.

Benhamou, Françoise. *A Economia da Cultura*. Cotia, SP, Ateliê Editorial, 2007.

Bringhurst, Robert. *Elementos do Estilo Tipográfico. Versão 4.0*. Trad. Adré Stolarski. São Paulo, Ubu, 2018.

Buonocore, Domingo. *Diccionario de Bibliotecología*. 2. ed. aum. Buenos Aires, Marymar, 1976.

Bufrem, Leilah Santiago. *Editoras Universitárias: Uma Crítica para Reformulação da Prática*. 2. ed. São Paulo, Edusp, 2015.

Calasso, Roberto. *A Marca do Editor*. Belo Horizonte/Veneza, Âyiné, 2020.

Capozzoli, Ulisses. *Plinio Martins Filho, Editor de seu Tempo*. São Paulo, WMF Martins Fontes, 2023.

Carrión, Jorge. *Contra Amazon. E Outros Ensaios Sobre a Humanidade dos Livros*. São Paulo, Elefante, 2020.

Chartier, Roger. *A Mão do Autor e a Mente do Editor*. São Paulo, Ed. Unesp, 2014.

Deaecto, Marisa Midori & Martins Filho, Plinio (orgs.). *Livros e Universidades*. São Paulo, Com-Arte, 2017.

Escarpit, Robert. *A Revolução do Livro*. Rio de Janeiro, Ed. FGV, 1976.

Faria, Maria Isabel & Pericão, Maria da Graça. *Dicionário do Livro. Da Escrita ao Livro Eletrônico*. São Paulo, Edusp, 2008.

Febvre, Lucien & Martin, Henry-Jean. *O Aparecimento do Livro*. Trad. Fulvia M. L. Moretto e Guacira Marcondes Machado. Prefácio de Marisa Midori Deaecto. Posfácio de Fréderic Barbier. São Paulo, Edusp, 2017.

Fernandes, Hélio Puglia & Gonçalves, Marilson Alves. *Repensando o Modelo de Negócios do Livro. Estratégias Operacionais para a Gestão Editorial*. São Paulo, Com-Arte, 2011.

Frutiger, Adrian. *En Torno a la Tipografía*. Trad. Anne-Hélène Suárez Girard. Barcelona, gg Diseño, 2001.

Genette, Gerard. *Paratextos Editoriais*. Trad. Álvaro Faleiros. Cotia, sp, Ateliê Editorial, 2010.

Hallewell, Laurence. *O Livro no Brasil. Sua História*. São Paulo, Edusp, 2012 (Edição de Bolso).

Hauy, Amini Boainain. *Gramática da Língua Portuguesa Padrão*. São Paulo, Edusp, 2015.

Hendel, Richard. *O Design do Livro*. Trad. Geraldo Gerson de Souza e Lúcio Manfredi. Cotia, sp, Ateliê Editorial, 2006 (Artes do Livro, 1).

Houaiss, Antônio. *Elementos de Bibliologia*. Rio de Janeiro, Ministério da Educação e Cultura/inl, 1976, 2 vols.

Jong, Caes W. de, Purvis, Alston W., Le Coultre, Martijn F., Doubleday, Richard B. & Reichardt, Hans (orgs.). *Jan Tschichold. Mestre da Tipografia. Vida, Obra & Legado*. Trad. Flávia Bancher. São Paulo, Edusp, 2013.

Luidi, Philipp. *Tipografia Básica*. Trad. Ana Elisa Gil Vodermayer. Valencia, Campgrafic, 2004.

Lunardelli, Américo Augusto & Rossi Filho, Sérgio. *Acabamento, Encadernação e Enobrecimento de Produtos Impressos*. Ribeirão Preto/sp, Lunardelli Editora, 2007.

Magalhães, Aluísio *et al*. *Editoração Hoje*. 2. ed. Rio de Janeiro, Fundação Getúlio Vargas, 1981.

Martínez de Souza, José. *Manual de Administración Editorial*. Bogota/Madrid, cerlalc/Fundación Germán Sanchéz Ruipérez, 1992.

_____. *Diccionario de Bibliología y Ciencias Afines*. Salamanca/Madrid, Fundación Germán Sánchez Ruipérez/Pirámide, 1989.

_____. *Diccionario de Ortografía Técnica: Normas de Metodología y Presentación de Trabajos Científicos, Bibliológicos y Tipográficos*. Salamanca/Madrid, Fundación Germán Sánchez Ruipérez/Pirámide, 1987.

MARTINS FILHO, Plinio. *Manual de Editoração e Estilo*. 2. ed. São Paulo/Campinas/Belo Horizonte, Edusp/Editora da Unicamp/Editora da UFMG, 2023.

_____. & ROLLEMBERG, Marcello. *Edusp: Um Projeto Editorial*. Cotia, Ateliê Editorial, 2001.

MCMURTRIE, Douglas C. *O Livro: Impressão e Fabrico*. 2. ed. Trad. Maria Luisa Saavedra Machado. Lisboa, Fundação Calouste Gulbenkian, [1982].

MELLO, Chico Homem de & RAMOS, Elaine. *Linha do Tempo do Design Gráfico no Brasil*. São Paulo, CosacNaify, 2011.

MÉLOT, Michel. *Livro,*. Trad. Marisa Midori Deaecto e Valéria Guimarães. Cotia, SP, Ateliê Editorial, 2012 (Artes do Livro, 9).

MINDLIN, José. *Uma Vida Entre Livros*. São Paulo, Edusp/Companhia das Letras, 1997.

MLA Handbook for Writers of Research Papers. 7th ed. New York, The Modern Language Association, 2009.

PORTA, Frederico. *Dicionário de Artes Gráficas*. Porto Alegre, Globo, 1958.

SAUTÉ, Enric. *Aldo Manuzio: Editor, Tipógrafo, Livreiro. O Design do Livro do Passado, do Presente e, Talvez do Futuro*. Trad. Cláudio Giordano. Cotia, SP, Ateliê Editorial, 2004 (Artes do Livro, 4).

SCHIFFRIN, André. *O Dinheiro e as Palavras*. São Paulo, BEI, 2011.

_____. *O Negócio dos Livros. Como as Grandes Corporações Decidem as Tarefas da Edição*. Rio de Janeiro, Casa da Palavra, 2006.

Smith Jr., Datus C. *Guia para Editoração de Livros*. Trad. Eliane Tejera Lisboa. Florianópolis/Recife, Editora ufsc/Editora ufpe, 1990.

Sordet, Yann. *História do Livro e da Edição. Produção & Circulação. Formas & Mutações*. Trad. Antonio de Pádua Danesi, São Paulo, Ateliê Ediorial/Edições sesc, 2023 (Artes do Livro, 15).

Spina, Segismundo. *Introdução à Edótica* (*Crítica Textual*). São Paulo, Ars Poética/Edusp, 1994.

The Chicago Manual of Style. *The Essencial Guide for Writers, Editors and Publishers*. 14. ed. Chicago and London, The University of Chicago Press, 1993.

Tschichold, Jan. *A Forma do Livro. Ensaios Sobre Tipografia e Estética do Livro*. Cotia/sp, Ateliê Editorial, 2007 (Artes do Livro, 5).

Waters, Lidsay. *Inimigos da Esperança. Publicar, Perecer e o Eclipse da Erudição*. São Paulo, Editora Unesp, 2006.

Zaid, Gabriel. *Livros Demais! Sobre Ler, Escrever, Publicar*. São Paulo, Summus Editorial, 2004.

Zavala Ruiz, Roberto. *El Libro y sus Orillas: Typografia, Originales, Redacción, Corrección de Estilo y de Pruebas*. 3. ed. cor., 2ª impr. México, Universidad Nacional Autónoma de México, 1995 (Biblioteca del Editor).

Sobre os autores

PAULO FRANCHETTI nasceu em Matão (SP) em 1954. Publicou, no Brasil, entre outros, *Alguns Aspectos da Teoria da Poesia Concreta; Nostalgia, Exílio e Melancolia - Leituras de Camilo Pessanha; Estudos de Literatura Brasileira e Portuguesa; Crise em Crise – Notas Sobre Poesia e Crítica no Brasil Contemporâneo; Sobre o Ensino de Literatura* e *Haikai – Antologia e História*. Em Portugal, a edição crítica da *Clepsydra* e *O Essencial Sobre Camilo Pessanha*. É autor da novela *O Sangue dos Dias Transparentes*, do livro de viagem *A Mão do Deserto* e dos livros de poemas *Oeste/Nishi; Escarnho; Memória Futura; Deste Lugar* e *Toques*. Para a coleção Clássicos Ateliê organizou também *O Primo Basílio, Dom Casmurro, Iracema, O Cortiço, A Cidade e as Serras, Clepsidra* e *Esaú e Jacó*. Aposentou-se em 2015 como Professor Titular da Unicamp. De 2002 a 2013, dirigiu a Editora dessa universidade.

PLINIO MARTINS FILHO é docente na Escola de Comunicações e Artes da Universidade de São Paulo (ECA/USP). Foi

Diretor Editorial e Presidente da Editora da Universidade de São Paulo (Edusp). Dirige a coleção Artes do Livro da Ateliê Editorial, é editor da LIVRO – *Revista do Núcleo de Estudos do Livro e da Edição* da USP e coordena o Setor de Publicações da Biblioteca Brasiliana Mindlin. É autor e organizador de vários livros, entre eles *Edusp – Um Projeto Editorial*, e em sua carreira participou da edição de cerca de três mil títulos dos quais uma centena foi agraciada com o Prêmio Jabuti, incluindo o seu *Manual de Editoração e Estilo*, vencedor em 2017, como melhor livro de Comunicação. Em 2023, teve sua biografia, *Plinio Martins Filho, Editor de Seu Tempo*, escrita por Ulisses Capozzoli e editada pela editora WMF Martins Fontes. No mesmo ano, recebeu o Prêmio Rubén Bonifaz Nuño – Trajetória Editorial Universitária, promovido pelo Instituto de Investigaciones Filológicas, do México, por sua carreira editorial no meio universitário, suas contribuições à editoração brasileira, a qualidade do seu trabalho com o livro e o seu reconhecimento no meio editorial por mais de cinquenta anos.

TÍTULO *Editoras universitárias para quê?*
AUTORES Paulo Franchetti
   Plinio Martins Filho
EDITOR Plinio Martins Filho
PRODUÇÃO EDITORIAL Carlos Gustavo Araújo do Carmo
PROJETO GRÁFICO E CAPA Casa Rex
PREPARAÇÃO DE TEXTO Ana Claudia Aparecida Veiga Almeida
REVISÃO Hugo Quinta
   Carolina Bednarek Sobral
FORMATO 12 × 21cm
PAPEL Chambril Avena 80g/m^2 (miolo)
   Cartão Supremo 250g/m^2 (capa)
ACABAMENTO E IMPRESSÃO Lis Gráfica